MANUEL

DU

GÉOMÈTRE SOUTERRAIN

PAR

M. E. SARRAN

GARDE-MINES

TEXTE

PARIS

DUNOD, ÉDITEUR

SUCCESSEUR DE VICTOR DALMONT

Précédemment Carilian-Gœury et Vve Dalmont

LIBRAIRE DES CORPS IMPÉRIAUX DES PONTS ET CHAUSSÉES ET DES MINES

QUAI DES AUGUSTINS, 49

1868

MANUEL

DU

GÉOMÈTRE SOUTERRAIN

4946. — PARIS, IMPRIMERIE A. L. GUILLOT
7, rue des Canettes, 7

DÉDIÉ A MONSIEUR PARRAN

INGÉNIEUR AU CORPS IMPÉRIAL DES MINES

Hommage d'un profond respect et d'une vive reconnaissance.

E. Sarran.

TABLE DES MATIÈRES

TROISIÈME PARTIE.

PRÉFACE

L'art de lever les plans nécessite certaines connaissances théoriques que l'on acquiert par l'étude de la géométrie et de la trigonométrie, et certaines connaissances pratiques, principaux éléments de la réussite d'une opération, que l'on ne possède qu'après un temps variant avec l'intelligence de l'opérateur et les difficultés que présentent la plupart des travaux souterrains.

Dans ce manuel, nous supposons que le lecteur possède les principes du lever des plans en général, et si nous rappelons quelquefois certaines définitions, c'est simplement pour mémoire. Cet ouvrage a donc pour but de porter à la connaissance des personnes qui se destinent à l'art du lever des plans de mines les données pratiques qui, avons-nous dit, assurent la réussite des opérations, et d'abréger ainsi le temps de leur apprentissage, en leur évitant des recherches plus ou moins longues. Nous serons heureux si notre but est quelquefois atteint.

Nous avons été puissamment secondé dans cette tâche difficile par la plupart des géomètres du bassin d'Alais, que nous remercions sincèrement, et particulièrement par M. Blanchet, géomètre aux houillères de Rochebelle. Les communications que ces messieurs ont bien voulu nous faire nous on aidé à franchir l'écueil qu'un pareil traité présentait. L'appareil de M. Blanchet et le chariot de M. Trimollet ont donné, croyons-nous, un intérêt particulier à cet ouvrage; aussi nous sommes d'autant plus heureux d'une pareille publication que nous sommes certain que ces nouveaux instruments rendront d'éminents services à la géométrie souterraine. Rendons hommage à M. Santi, opticien constructeur à Marseille; l'heureuse application de sa lampe et les modifications avantageuses qu'il a apportées à divers organes de l'appareil Blanchet, appropriant cet instrument aux exigences des travaux de mines, lui assurent l'estime et la reconnaissance des opérateurs souterrains. La description du pantomètre Blanchet et le résumé des avantages qu'il présente sur les autres instruments sont une garantie, nous osons le croire, des éloges auxquels a droit M. Santi.

Nous avons divisé ce manuel en trois parties. Dans la première, nous décrivons les instruments les plus usités, leur vérification, les moyens de rectifier les erreurs provenant de leur défectuosité et les détails de l'opération avec chacun d'eux. Dans la seconde, nous décrivons les méthodes employées pour transformer les données prises sur le terrain en données propres à la construction de la carte. Nous avons développé la méthode dite des trois plans coordonnés, afin de la rendre aussi claire que possible.

Dans la troisième partie nous avons fait entrer toutes les questions se rattachant aux plans de mines, sous forme de problèmes : 1° tracé d'une ligne méridienne; 2° triangulation extérieure; 3° tracé d'une ligne droite; 4° tracé d'une courbe à l'intérieur; 5° percements de mines; 6° tracé de routes et chemins de fer; 7° chaînage de puits.

Nous donnons en terminant, afin de compléter, autant que possible, les connaissances du géomètre souterrain, sous le titre de notes supplémentaires : 1° déviation de l'aiguille aimantée par les chemins de fer; 2° théorie du vernier; 3° excentricité des instruments; 4° feuilles et carnets de mine.

NOTA. Au moment de mettre sous presse, nous recevons une communication de M. Blanchet relative aux mires parlantes employées dans les opérations au moyen du pantomètre. Comme cette modification est importante, nous prions le lecteur de consulter les dernières pages de ce manuel (Mire équilibrée), en même temps que les détails de l'opération avec le pantomètre Blanchet, page 53.

ERRATA.

Page 4, ligne 10, *au lieu de* : angle d'inclinaison cc (fig. 3, pl. I) *lire* angle d'inclinaison, (CC, fig. 3, pl. I)

— 7, — 14,	—	le parallaxe	*lire* : la parallaxe
— 10, — 21,	—	*id.*	— *id.*
— 31, — 25,	—	tube,	— tube
— 31, — 31,	—	l'axe, et ou	— l'axe ou
— 33, — 24,	—	coïncider	— coïncider,
— 33, — 34,	—	théodolite	— théodolite,
— 36, — 19,	—	horizontaux	— horizontaux,
— 37, — 17,	—	L'opérateur	— L'opérateur,
— 40, — 19,	—	l'instrument,	— l'instrument
— 46, — 8,	—	la lunette,	— la lunette
— 47, — 17,	—	principales,	— principales
— 47, — 25,	—	ses bases	— les bases.
— 53, — 10,	—	il a été au	— il a eté dit au
— 55, — 21,	—	Fig. 1, 2, 3	— Fig. 1, 2, 3, 4
— 79, — 2,	—	appréciés $\frac{1}{10}$	— appréciés à $\frac{1}{10}$
— 79, — 31,	—	à ajouter 2.71	— ajouter à 2,71
— 98, — 11,	—	CB	— CB'
— 110, — 26,	—	la première ligne	— la ligne du fonds
— 132, — 6,	—	leur nombre	— le nombre
— 132, — 21,	—	retard $\frac{1}{30}$	— retard de $\frac{1}{30}$
— 133, — 2,	—	chap. II et III	— chap. II et III,

MANUEL

DU

GÉOMÈTRE SOUTERRAIN

INTRODUCTION.

Principes du lever des plans en général. — Instruments employés dans les mines. — Division du lever de la mine en deux parties distinctes.

Lever un plan, c'est vouloir faire une figure semblable à celle du terrain projetée sur un plan horizontal (on appelle figures semblables celles qui ont les angles égaux et les côtés homologues proportionnels).

Lever un plan, soit intérieur, soit extérieur, consiste donc à mesurer des angles horizontaux et des distances qu'on rapporte à l'horizontale lorsqu'elles ont été prises différemment.

Un grand nombre d'instruments sont employés à la surface pour lever les plans ; dans la mine, où l'on doit exclure tous ceux qui sont trop gênants ou qui ne permettent pas d'opérer avec la précision que demandent la plupart des travaux, ce nombre est à peu près limité aux instruments suivants : *Théodolite*, *Niveau à bulle d'air*, *Boussoles suspendue et carrée* et *Pantomètre Blanchet*.

Dans toute exploitation régulière, on considère deux genres d'excavations, savoir : les voies principales, généralement ferrées, et les voies secondaires (tailles, gradins, remontées, descentes, etc.), la plupart non ferrées ; de là, division du lever de la mine en deux parties distinctes.

Les voies principales, comprenant les voies de roulage, plans inclinés, etc., étant toujours de dimensions assez grandes, permettent l'emploi du théodolite et du niveau à bulle d'air ou simplement du pantomètre Blanchet ; tandis que les voies secondaires, soit à cause de leur inclinaison, soit à cause de leurs faibles dimensions, et comme la plupart ne sont pas ferrées, ne permettent guère que l'emploi de la boussole suspendue.

En résumé, le théodolite, le niveau à bulle d'air ou le pantomètre Blanchet, serviront pour le lever des voies principales, et la boussole suspendue pour le lever des voies secondaires (*).

La boussole carrée peut être employée dans les parties de la mine où la pente du gîte est très-faible et la hauteur de l'excavation supérieure à 1 mètre, et dans les galeries principales sans être obligé de déferrer, faisant alors servir la boussole comme graphomètre, c'est-à-dire à la mesure des angles compris entre deux lignes consécutives : on se met dans le cas du théodolite, avec la différence que celui-ci permet de lire les angles à 20″ près (**), tandis que la boussole carrée ne permet guère d'apprécier au delà des $\frac{1}{8}$ de degré. Or, comme on doit avoir en vue de lever avec une exactitude rigoureuse les voies de la première catégorie, celles-ci servant de base pour lever les voies de la seconde, on doit exclure pour ce travail tout instrument qui n'est pas réputé de précision.

On emploie le niveau à bulle d'air pour déterminer la hauteur verticale de chaque point au-dessus ou au-dessous d'un plan général de comparaison, lorsqu'on croit préférable de faire une opération spéciale pour le nivellement, quoique les instruments pantomètre, théodolite et boussole carrée, soient munis d'appareils propres à cet usage.

(*) Nous restreignons la boussole suspendue aux levers secondaires, parce que son emploi exige dans les voies principales l'enlèvement du chemin de fer, et surtout parce que l'aiguille est soumise à des variations diurnes et accidentelles, qui faussent les opérations.

(**) Généralement un cercle donnant la minute suffit pour toutes les opérations souterraines.

PREMIÈRE PARTIE.

CHAPITRE I.

BOUSSOLE SUSPENDUE.

Description sommaire de l'instrument et de ses accessoires. — Vérification du demi-cercle et de la boussole. — Moyen de remédier aux erreurs provenant de la défectuosité de l'instrument. — Détails de l'opération.

Cet instrument, destiné au lever des travaux secondaires, se compose essentiellement d'un limbe gradué de 0° à 360° (*) au centre duquel est un pivot portant une aiguille aimantée. Les plus petites divisions sont des demis ou des quarts de degré, suivant que le diamètre du limbe est plus ou moins grand.

Afin que ce dernier soit constamment horizontal pour toutes les positions que le cordeau est susceptible de prendre, il est rendu mobile suivant deux axes perpendiculaires qui coïncident en projection avec les axes de figure E.-O. et N.-S. de la boussole.

L'horizontalité suivant la ligne E.-O. s'obtient en amenant le cercle *ab* (fig. 1-2, pl. 1) à buter à un arrêt disposé sur le suspensoir MNP : l'horizontalité suivant la ligne N.-S. s'obtient d'elle-même si la boussole est bien construite, lorsque celle-ci est suspendue au cordeau.

Cette suspension s'opère au moyen d'une lame en laiton recourbée en arcs de cercle MNP, aux extrémités de laquelle sont deux crochets inversement disposés.

L'accessoire indispensable de la boussole suspendue consiste en un demi-cercle (niveau à perpendicules) (fig. 3, pl. 1), lame en

(*) Quelques boussoles ont reçu la division décimale de 0 à 400g; ce genre de graduation n'est guère usité.

laiton, recourbée comme l'indique le nom en demi-circonférence, portant une double graduation de 0° à 90° en demis ou en quarts de degré, suivant la longueur du rayon, et dont la ligne, passant par le centre et le zéro, est ou doit être constamment perpendiculaire au cordeau. Il est muni d'un petit plomb avec fil (crin de cheval) aussi fin que possible, dont le point d'attache est au centre du demi-cercle (fig. 5, pl. I). Il porte deux crochets semblables à ceux de la boussole pour sa suspension au cordeau, et sert à prendre l'angle que fait celui-ci avec l'horizontale, qu'on appelle angle d'inclinaison *cc* (fig. 3, pl. 1).

Deux pincettes, pour empêcher le glissement de la boussole ou du demi-cercle sur le cordeau, lorsque celui-ci a une inclinaison trop grande, et deux vis à bois pouvant servir de clous pour une simple station (*), complètent ce qu'on appelle *poche de mineur*.

Fig. 1.

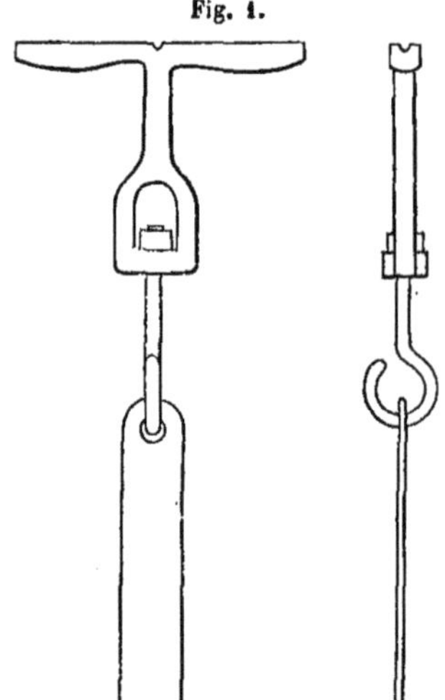

Les instruments devant nécessairement accompagner les précédents, sont : une chaîne, ruban en acier de 5 ou 10 mètres, gradué en centimètres s'il est possible (**), un cordeau d'au moins 100 mètres si le développement à lever est considérable, un sac garni de clous, chevilles, fleuret et massette, un fil à plomb et un mètre-canne destiné à prendre les hauteurs en haut et en bas des points et les distances qui ne demandent pas une appréciation rigoureuse.

Il est bon que les clous soient toujours de même forme et de mêmes dimensions, et que les angles du

(*) Nous appellerons station une ligne droite déterminée par deux points.

(**) Les rubans en acier, très-avantageux sur les chaînes en cuivre à maillons de $0^{m}.10$, et sur toutes les chaînes connues jusqu'à ce jour, ont pourtant un défaut grave : celui de se casser facilement, surtout au point où la feuille d'acier se raccorde avec la poignée. A ce point celle-ci a une épaisseur de 5 millimètres, tandis que l'épaisseur du ruban au même point n'est que 3 ou 4 dix-millimètres. On éviterait ce défaut en amincissant le plus possible cette partie de la poignée, que rien n'empêcherait de rendre flexible en la construisant en acier, ou bien, ce qui vaudrait peut-être mieux, en supprimant la partie en laiton et raccordant la poignée sur la chaîne elle-même au moyen du piton mobile. (Voir fig. 1.)

corps et de la tête soient légèrement arrondis pour empêcher l'usure du cordeau (*).

Les cordeaux généralement employés sont en chanvre d'un diamètre le plus faible possible.

Comme on doit, avant de se servir d'un instrument quelconque, s'assurer de son exactitude, nous donnerons la vérification de l'instrument avant les détails de l'opération.

Vérification du demi-cercle. — La ligne qui joint les divisions marquées 90 doit passer par le centre du cercle. On vérifie cette condition en appliquant un fil très-fin sur ces divisions; le centre doit se trouver à égale distance de celles-ci et du zéro, et de plus être recouvert par le fil.

S'il n'en était pas ainsi, faire percer un trou au point remplissant ces conditions.

Placer ensuite le demi-cercle sur le cordeau préalablement tendu et lire l'angle accusé par le fil à plomb; retourner le demi-cercle au même point du cordeau, l'angle donné par le fil à plomb sera le même que le précédent si l'instrument est bien construit; s'il en est autrement, corriger moitié de l'erreur en ouvrant ou fermant l'un des crochets de suspension : on vérifie ainsi le parallélisme du cordeau et de la ligne du demi-cercle déterminée par les divisions 90.

Fig. 2.

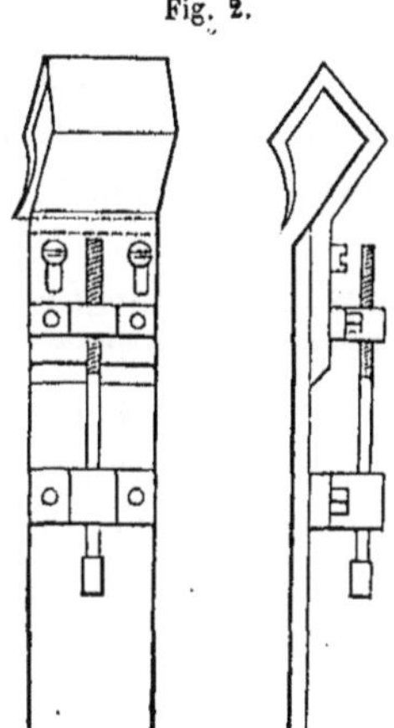

Pour obvier à l'inconvénient de l'ouverture ou de la fermeture d'un des crochets de suspension, on pourrait rendre mobile, dans une glissière, un de ceux-ci qu'on munirait d'un écrou avec boulon tournant dans un collier fixé au demi-cercle; par ce moyen, on ferait monter ou descendre ce crochet sans le dégrader. Un système plus simple consisterait à avoir pour l'un des crochets des ouvertures ellip-

(*) Dans les mines où les eaux sont corrosives, on emploie des clous étamés pour les levers des voies secondaires, et des clous en cuivre pour les levers des voies principales. Il est préférable d'employer ces derniers pour tous les levers s'il est utile de conserver longtemps les points placés.

tiques où se logeraient les deux vis qui le fixent au demi-cercle. (Voir fig. 2.)

Vérification de la boussole. — Une boussole est bien construite lorsque, étant accrochée au cordeau, la ligne 0—180° en est exactement la projection, et lorsque, par le retournement bout par bout, les angles accusés par les extrémités de l'aiguille sont les mêmes et diffèrent, pour chaque pôle, de 180° exactement; c'est-à-dire que, si, lors de la première observation, la pointe nord de l'aiguille indique 75°, par exemple, la pointe sud 255°; dans la deuxième position on devra lire 255° à l'extrémité nord et 75 à l'extrémité sud.

La première de ces conditions est peu importante, surtout lorsqu'on a une méridienne ou toute autre ligne dont la direction vraie (*) est bien déterminée, et qu'on ramène la direction magnétique en direction vraie. On la constate en suspendant la boussole à un fil très-fin, portant en même temps un fil à plomb; placer l'œil dans le plan vertical contenant le cordeau, et voir, dans cette position, si la trace de ce plan coïncide avec la ligne 0—180°, ou lire l'angle que fait cette ligne avec cette trace. La déclinaison magnétique est égale à celle du lieu augmentée ou diminuée de cet angle.

La deuxième condition se vérifie par la position du pivot relativement au limbe. On conçoit, en effet, que si le pivot n'est pas exactement au centre de celui-ci, le retournement de la boussole accuse un angle qui diffère du premier. Ce vice, facile à corriger, se constate d'abord en suspendant la boussole au cordeau et lisant l'angle indiqué par l'aiguille; en enlevant la boussole de suspensoir MNP (fig. 1, pl. I), en la retournant de 180° et l'engageant dans le suspensoir, de façon que le pivot fixe p entre dans l'ouverture occupée précédemment par le pivot à vis p', et réciproquement. En un mot, en faisant décrire à la boussole proprement dite une demi-révolution, lire l'angle accusé et voir s'il diffère, du précédent, de 180° exactement; répéter cette opération après

(*) On appelle direction vraie d'une ligne l'angle qu'elle fait avec le méridien astronomique. Elle est égale à la direction magnétique de la ligne augmentée ou diminuée de la déclinaison du lieu, suivant la notation de la boussole et le sens de la déclinaison.

On appelle direction magnétique d'une ligne l'angle qu'elle fait avec le méridien magnétique.

avoir tendu le cordeau suivant une position à peu près perpendiculaire à la première; si la différence des angles lus dans les deux cas n'est pas de 180°, l'instrument est excentrique. Ce vice se constate aussi au moyen d'un bon compas à pointes sèches, en observant que le pivot occupe la moitié de plusieurs diamètres tirés perpendiculairement les uns aux autres, ou bien en posant la boussole débarrassée de son suspensoir sur une table horizontale, et observant, pour un tour complet, si l'extrémité nord de l'aiguille, par exemple, est constamment à égale distance du limbe. Dans l'un ou l'autre cas, si le pivot n'est pas rigoureusement au centre du limbe, on tâche de l'y ramener sans secousse.

On se met à l'abri de l'excentricité du pivot en lisant les angles accusés par les extrémités de l'aiguille. Cette lecture a l'avantage de corriger, dans une certaine mesure, le parallaxe résultant d'une position imparfaite de l'œil. Elle n'est guère usitée (*).

Plusieurs autres défauts peuvent exister, ceux, par exemple, d'une aimantation insuffisante, d'un frottement considérable entre la chape et le pivot, frottement qui peut arrêter l'aiguille plusieurs degrés avant sa vraie position. Dans le premier cas, on envoie l'aiguille au constructeur qui l'aimantera; dans le deuxième, une simple goutte d'huile d'olive suffit pour lui rendre sa mobilité, si la chape ou le pivot ne sont pas usés, ce dont on s'assure au moyen d'une loupe.

On doit aussi s'assurer que le limbe est horizontal lorsque le heurtoir *c* du cercle *ab* (fig. 1, pl. I) portant la boussole a buté au suspensoir. Pour cela, après avoir accroché la boussole au cordeau, on pose un petit niveau à bulle d'air sur le limbe suivant la ligne de figure est-ouest, et l'on fait arriver la bulle entre ses repères au moyen de la vis *d* (même fig.) du heurtoir destinée à cela.

Détails de l'opération. — Deux opérations distinctes sont à considérer dans le lever au moyen de la boussole et du demi-cercle suspendus, savoir : 1° pose des points, du cordeau et observation des angles; 2° chaînage.

1° *Pose des points.* — Un aide (premier) muni d'un sac garni

(*) Nous avons supposé dans ce qui précède que la chape était parfaitement implantée sur l'aiguille, c'est-à-dire que le point de pivot correspondait exactement au centre de gravité et sur la ligne droite joignant les deux pointes.

de clous, chevilles, fleurets et massette, se dirige vers le réseau à lever en visant la flamme de la lampe qu'un autre aide (deuxième) a le soin de poser au point de départ. Il marche jusqu'à ce que cette flamme lui soit cachée par les contours de la galerie, revient un peu en avant et place son point de manière que le cordeau une fois tendu ne touche nulle part. Néanmoins, on doit s'attacher à dessiner les contours de la galerie, ainsi que les inflexions du sol, aussi parfaitement que possible. La tête du clou ne doit sortir que d'un centimètre et demi environ, à moins qu'on ne soit obligé d'adopter une saillie plus forte pour éviter que le cordeau ne touche.

Le premier aide doit placer autant que possible les stations inférieures à 20 mètres de longueur. De plus grandes stations sont défectueuses en ce sens qu'il est difficile de tendre suffisamment le cordeau, et qu'alors la ligne chaînée est notablement supérieure à la vraie. Il a soin de ne pas placer le cordeau trop haut, afin que la lecture sur la boussole soit facile. Le deuxième aide se met en marche lorsque le clou est enfoncé, déroulant au fur et à mesure le cordeau, préalablement attaché par un bout au clou qui sert de point de départ; il fait passer le cordeau au premier aide et tous deux se mettent en devoir de le tendre en tirant suivant le sens de la direction qu'il doit avoir; le premier le fixe au clou lorsqu'il juge qu'il est suffisamment tendu. Pour cela, il fait avec l'extrémité a (fig. 3) un tour au corps du clou, et pendant que le deuxième aide fait un nouvel effort sur le cordeau, il prend la partie b détendue et la fait passer sur la tête du clou, de manière à ramener la station qui précède à se couper au centre du point placé (fig. 4).

Fig. 3.

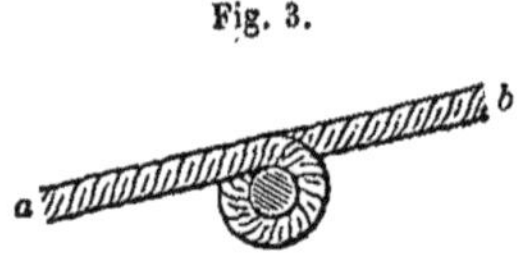

Fig. 4.

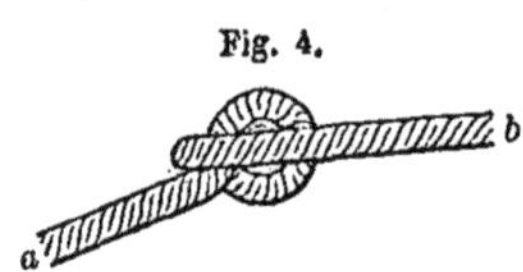

La première station posée, le premier aide marche en avant, visant la flamme de la lampe du deuxième placé au point 1 pour la pose du second point, et ainsi de suite.

Dans cette opération, le premier aide doit avoir soin de placer des clous sur des piquets, cadres, montants, solidement établis, ou dans le massif au moyen d'une cheville enfoncée dans un trou fait au fleuret. Il devra les disposer de manière que tous les travaux qu'il juge devoir être levés puissent se raccorder facilement à la galerie dans laquelle on opère (*).

Deux stations étant tendues, l'opérateur procède au lever des angles de direction et d'inclinaison du cordeau ; voici comment : Le numéro du point de départ étant supposé zéro, les points posés sont la suite naturelle des nombres commençant par l'unité ; les stations sont 0-1, 1-2, 2-3, 3-4, etc., etc.

Au point 0 pour la station 0-1, il observera l'angle d'inclinaison en posant le demi-cercle à environ 0m.30 du clou ; cet angle sera montant ou descendant, suivant que le fil à plomb sera en arrière ou en avant du zéro du demi-cercle ; il devra être observé à $\frac{1}{8}$ de degré ou à 10′ près, si les plus petites divisions du demi-cercle sont des tiers de degré (**).

Au point 1 et pour la station 0-1, il observera le deuxième angle d'inclinaison du cordeau, différant du premier de 2° au maximum pour une station de 20 mèt. (***). Une différence plus grande accuserait la trop faible tension du cordeau. Cette différence est en plus si l'inclinaison générale est montante, en moins si cette inclinaison est descendante. Le demi-cercle pour les deux cas doit être posé à des distances égales des clous. Le deuxième angle inscrit, le géomètre pose le demi-cercle pour l'observation du premier angle de la station 1-2 ; pendant que le plomb cesse d'osciller, il sort la boussole, l'accroche au cordeau, à environ 1 mètre du clou, pour observer la direction magnétique de la station 0-1.

La première condition à remplir consiste à placer le nord du limbe en avant, vers le point où l'on se dirige, ensuite à s'assurer de l'horizontalité de ce limbe en faisant buter le heurtoir de la boussole à l'arrêt du suspensoir ; on a ainsi, si ce heurtoir est bien réglé, la ligne E.-O. horizontale, et l'on sait que la ligne N.-S. doit se maintenir dans cette position. On desserre la vis qui presse l'aiguille contre le verre et l'on attend qu'elle cesse d'osciller. On lit pendant ce temps le premier angle d'inclinaison de la station 1-2 qu'on note à sa colonne respective, et l'on ren-

(*) Ceci admet que le premier aide possède assez de connaissances pour qu'on lui laisse l'initiative de la pose des points. Dans le cas contraire, une première tournée devra être faite avec l'aide pour lui indiquer la position des points principaux.

(**) Pour les levers de détails, les quarts de degré suffisent.

(***) Un seul angle d'inclinaison, observé au milieu de la station, suffit pour les stations de faible longueur (4 ou 5 mètres et au-dessous).

ferme le demi-cercle ; on revient à la boussole et l'on cherche la pointe bleue de l'aiguille, c'est-à-dire le pôle nord.

L'unique moyen pour lire l'angle accusé consiste à placer la lampe et l'œil dans le même plan vertical contenant l'aiguille, à une distance à peu près égale du bord du limbe, assez près pourtant de la pointe nord; en un mot, il faut que les rayons émis par la lampe, arrivant à l'œil en passant par la partie voulue du limbe, fassent un angle de réflexion égal à celui d'incidence. Attendre l'arrêt parfait de l'aiguille, car quoiqu'on puisse observer la direction pendant qu'elle oscille on ne peut jamais le faire qu'imparfaitement. Voir dans quelle dizaine de degrés du cercle tombe la pointe bleue en observant le numéro qui précède et celui qui suit, prendre le plus petit des deux et y ajouter le nombre de degrés, $\frac{1}{2}$, $\frac{1}{4}$ et $\frac{1}{8}$ de degré si l'aiguille en indique, et s'il est possible surtout d'apprécier ces dernières divisions avec certaines boussoles. Faire osciller de nouveau l'aiguille et s'assurer qu'elle s'arrête au même angle. Inscrire alors cet angle à la colonne respective du carnet.

Quelques opérateurs lisent les angles accusés par les deux extrémités de l'aiguille ; nous avons dit que c'était un moyen de se mettre à l'abri de l'excentricité et de corriger dans une certaine limite le parallaxe résultant d'une position imparfaite de l'œil. Cette lecture se fait sur la pointe blanche sans changer la position de la lampe. Avec un peu d'habitude on parvient à lire sans difficultés. Cet angle est ramené au vrai par la soustraction ou l'addition de 180°. La moyenne des deux directions observées donne la direction magnétique de la station.

Cette direction lue et notée, le géomètre accroche la boussole à la station 1-2 et observe la direction en suivant les prescriptions indiquées ci-dessus. Il passe ensuite au point 2 où il n'a qu'à prendre la deuxième inclinaison de la station 1-2 et la première de la station 2-3 ; au point 3, et à tous les points impairs, il répète les opérations indiquées pour le point 1, et aux points pairs celles indiquées pour le point 2. Il arrive pourtant qu'on est obligé d'intervertir cet ordre, qui n'a du reste d'importance que pour la rapidité de l'opération.

Dans un lever qui doit être fait avec plus d'exactitude que les levers courants, on peut observer la direction de chaque station aux deux extrémités, et prendre la moyenne, s'il y a lieu.

2° Chaînage. — Deux cas sont à considérer : ou bien la station a moins d'une longueur de chaîne, ou bien elle a plus (le cas d'une longueur de chaîne exacte se présentant rarement). Dans les deux cas, le deuxième aide marche en avant en tenant la chaîne par une poignée, s'arrête au clou si la distance à mesurer est moindre qu'une longueur de chaîne, ou lorsque la chaîne est complétement tendue si cette distance est plus grande. Dans le premier cas, le premier aide, s'étant assuré que le deuxième a l'encoche de la poignée sur le centre du clou, met la chaîne en face du clou où il se trouve et fait avancer le pouce de la main droite jusqu'à la hauteur du centre de la tête de ce clou. Le deuxième aide compte ensuite le nombre de mètres de la chaînée et le premier y ajoute les décimètres et centimètres excédants, appréciant à l'œil ces dernières subdivisions si la chaîne n'est pas graduée en centimètres. Il vérifie l'exactitude de la distance en observant ce qui reste de la chaîne. L'addition de cet excédant et de la distance mesurée doit égaler la longueur de la chaîne.

Dans le second cas, le premier aide tenant une poignée de la chaîne de la main droite, pose l'encoche en face de la tête du clou, et le deuxième après avoir tendu la chaîne qu'il tient de la main gauche et contre le cordeau, fait avancer le pouce de la main droite en face de l'encoche et prévient le premier aide; à ce signal celui-ci abandonne la chaîne, se porte au point où le deuxième aide stationne et prend, en avançant le pouce de la main gauche, le point marqué par celui-ci; ce dernier abandonne le cordeau aussitôt que le premier chaîneur est arrivé à la reprise. Le premier aide, qui a pris la chaîne de la main droite, arrête le deuxième lorsque la poignée arrive à sa main. Il fait ensuite coïncider l'encoche de cette poignée avec l'ongle du pouce de la main gauche marquant la longueur de chaîne précédente et prévient le deuxième aide qui répète les opérations indiquées pour la première reprise, et ainsi de suite. Lorsque le deuxième aide arrive au clou (extrémité de la station), il fait coïncider l'encoche de sa poignée avec le centre de la tête du clou, et le premier opère comme il a été dit pour le cas d'une station moindre qu'une longueur de chaîne.

Une remarque importante et contre laquelle il faut se prémunir, est à faire : c'est la tendance que l'on a, lorsque d'une main l'on tend la chaîne et que de l'autre on marque la reprise sur le cordeau, d'imprimer à la main qui marque la reprise le mouvement de la main qui tient la chaîne. Ce qui a pour effet d'augmenter la longueur de la station, si ce mouvement provient du chaîneur d'arrière, et de la diminuer s'il provient du chaîneur d'avant.

Le géomètre, pendant l'opération du chaînage, doit noter tous les documents relatifs à la construction exacte et détaillée du plan, tels que, remontées, traverses, descentes, rejets et accidents de tous genres etc. ; au besoin il doit prendre le croquis du lever. Il doit aussi, si la chaîne a 10 mètres, la soutenir par le milieu afin que la courbe ne soit pas trop sensible.

Pendant cette opération les aides ne devront toucher le cordeau que légèrement.

Les largeurs à droite et à gauche et les hauteurs en haut et en bas des points d'attache du cordeau sont données à l'opérateur par le deuxième aide, qui s'en occupe aussitôt qu'il a compté et donné au premier aide le nombre de mètres de la chaînée.

Lorsque la longueur de la station dépasse une vingtaine de mètres et que le cordeau n'est pas bien tendu, ayant mesuré une distance trop grande, on doit diminuer la longueur trouvée d'un ou plusieurs centimètres suivant l'appréciation de l'opérateur.

On possède les documents nécessaires à la construction du plan coté.

Quelques auteurs et plus particulièrement Tom-Richard (*Levés des mines*, § 77 p. 104) condamnent l'usage de la boussole suspendue et les méthodes employées pour rapporter sur le papier les opérations faites avec cet instrument. Il est probable que ces personnes n'ont jamais eu occasion d'opérer pendant un temps plus ou moins long avec la boussole suspendue et qu'elles ne voient cet instrument que par son côté théorique. Nous osons croire que si elles étaient familiarisées avec son maniement, elles reconnaîtraient les avantages qu'il présente malgré son imperfection.

M. Tom-Richard s'étonne qu'il soit dit, dans l'excellent ouvrage de M. Combes, que, pour orienter d'une manière certaine des travaux communiquant au jour par des galeries sinueuses ou par des puits, il faille avoir recours à la boussole suspendue. Nous dirons seulement que nous sommes surpris de l'étonnement de M. Tom-Richard, car quel était alors l'instrument qu'on aurait pu employer plus avantageusement? Nous aimons à croire qu'il n'a pas voulu dire que son cercle horizontal muni d'un niveau à bulle d'air et sa mire à lanterne pouvaient remplir ces conditions d'une manière plus efficace.

CHAPITRE II.

BOUSSOLE CARRÉE.

Description sommaire de l'instrument et de ses accessoires. — Vérification de l'instrument. — Détails de l'opération.

Cet instrument se compose, comme le précédent, d'un cercle gradué de 0° à 360°, divisé en demis et parfois en quarts de degré. Au centre de ce cercle, est un pivot portant une aiguille aimantée en tout conforme à celle des boussoles suspendues. Ce limbe est renfermé dans une boîte carrée en bois dont un des côtés, parallèle à la ligne N.-S., porte la lunette ou une alidade à pinnules, se mouvant suivant un plan perpendiculaire à celui du limbe. Sur cette alidade ou lunette est fixé un niveau à perpendicules pareil à celui de la boussole suspendue, ou mieux encore un demi-cercle dont le fil à plomb est remplacé par une règle indiquant l'angle d'inclinaison.

Un système de leviers et un petit appendice placé sur la face supérieure de la boîte permettent de fixer l'aiguille pendant un changement de station. Un assemblage à douille avec genou placé au centre de l'instrument, sert à fixer la boussole au trépied et à disposer le limbe horizontalement ; à cet effet, la face supérieure de la boîte est munie de deux petits niveaux à bulle d'air calés à angles droits.

Disons de suite qu'un assemblage à douille avec genou est très-défectueux, et qu'une bonne boussole carrée doit être montée sur un plateau avec trois vis de calage placées sur les sommets d'un triangle équilatéral dont le centre est la projection horizontale du centre du limbe, ou, pour mieux dire, se trouve sur l'axe vertical de l'instrument prolongé. Cette disposition, que nous décrirons au chapitre Théodolite, permet d'obtenir l'horizontalité du limbe, sans inconvénient pour la solidité de la mise en station. Au centre du triangle équilatéral portant les vis de pointage, est un petit trou dans lequel on introduit une ficelle munie d'un plomb. En faisant arriver la pointe de ce plomb à coïncider avec le point qui détermine le croisement de deux stations consécutives ou le sommet de l'une d'elles, le centre du limbe se projette sur ce point, condition essentielle pour déterminer la direction d'une station ou l'angle que font deux lignes qui se coupent.

Une lunette est indispensable dans la mine, car avec une alidade à pinnules on ne peut viser qu'à de faibles distances, quoiqu'on ait eu le soin de choisir des crins blancs (on sait que les crins blancs sont préférables aux noirs dans l'obscurité).

Ainsi, en résumé, si le développement de l'excavation à lever est considérable, on devra regarder comme défectueuse toute boussole fixée au trépied au moyen d'un assemblage à genou, munie d'une alidade à pinnules.

Nous ne donnerons que les détails de l'opération avec une boussole carrée satisfaisant aux conditions de celle que nous avons qualifiée de bonne (*).

Deux parties bien distinctes sont à considérer dans une pareille boussole. La partie supérieure munie du limbe, des niveaux à bulle d'air, de la lunette et du cercle vertical, le tout pouvant tourner librement autour de l'axe de l'instrument qui s'engage dans la partie inférieure, et cette dernière partie munie de trois vis calantes, d'une vis de pression et d'une vis de rappel. C'est par ces trois vis de calage que la boussole carrée repose sur le chariot fixé au trépied. Ce chariot, que nous décrirons au chap. III, permet, en imprimant au plateau supérieur et combinant deux mouvements perpendiculaires, de faire arriver exactement l'axe de l'instrument à coïncider avec la verticale passant par le sommet de la station.

Les instruments qui doivent accompagner la boussole carrée sont : une chaîne de 10 mètres (ruban en acier), le sac garni, un fil à plomb et deux mirettes (plaques de tôles rectangulaires dont une des faces est colorée en blanc et rouge et qu'on tient sur le point qu'on doit viser) (voir fig. 5), ou bien deux lampes qu'on suspend au moyen de chaînes à maillons pour éviter

Fig. 5.

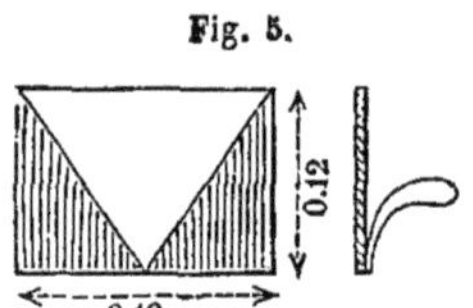

(*) Cette boussole est due à M. Mézia; elle prend le nom de *tranche-montagne* et est avantageusement employée au jour dans les pays accidentés (fig. 6, 7, pl. I). Quelques boussoles de ce genre ont la lunette dans l'axe et au-dessous du cercle horizontal. Le seul inconvénient qu'on leur reproche consiste en ce qu'on ne peut prolonger un alignement en arrière qu'en se servant de l'aiguille, ce qui est défectueux.

la torsion ou, ce qui vaut mieux encore, deux fils à plomb avec cordeau de charpentier blanchi avec du blanc d'Espagne et éclairés par deux lampes.

Vérification de l'instrument. — On vérifie la boussole proprement dite par les moyens donnés chap. I, boussole suspendue, ensuite on passe aux niveaux à bulle d'air. On place un des niveaux parallèlement à deux vis de calage et, dans cette position, on fait arriver la bulle entre ses repères en agissant inversement sur ces vis, on retourne l'instrument de 180°, si la bulle n'arrive pas à la position qu'elle occupait précédemment, on corrige moitié de l'erreur avec la vis du niveau et moitié avec une vis de calage. On règle de même le deuxième niveau. Reste la lunette : celle-ci ou l'axe optique doit se mouvoir constamment dans un plan vertical (*) ; on s'en assure en visant un fil à plomb de 7 à 8 mètres de hauteur (**); lorsque l'instrument est placé horizontalement, ce fil à plomb doit contenir le croisement des fils de la lunette pendant l'angle que décrit celle-ci, qui doit être le plus grand possible. S'il en est autrement, et si la boussole n'est pas munie d'un système particulier pour rectifier ce défaut, on devra rejeter l'instrument.

Il faudra donc premièrement constater que l'axe optique décrit un plan et non un cône, comme cela a lieu lorsque cet axe n'est pas calé à 90° sur l'axe de rotation, secondement ramener ce plan suivant la verticale.

On constate la première condition en déterminant un alignement par le retournement bout pour bout de la lunette, c'est-à-dire en faisant arriver l'oculaire à la place de l'objectif sans déranger la boussole, et plaçant, dans ces deux positions de la lunette, une fiche ou un clou sur chaque ligne de visée, à une distance assez grande de l'instrument (100 mètres environ). On se porte ensuite à l'un des points et l'on vise le deuxième; la ligne de visée doit contenir le point où la lunette stationnait, point qui doit être la projection de l'axe de la lunette, obtenu avant le changement de la boussole.

(*) On appelle axe optique la ligne droite déterminée par le croisement des fils et le centre optique de l'objectif.

(**) Avec des lunettes à courte portée, un fil de 2 mètres suffit.

Ainsi l'instrument étant au point C (fig. 6), en donnant un alignement par le retournement de la lunette, on obtiendra la droite ACB si l'axe optique est calé à angles droits sur l'axe de rotation de la lunette; tandis qu'on obtiendra une ligne brisée ACB', par exemple, si cette condition n'a pas lieu. Il est alors évident que l'alignement AB' qu'on tirera du point A ne contiendra pas le point C, ce qui a lieu pour AB. (Les points qui déterminent les alignements ci-dessus doivent être choisis presqu'au même niveau.)

Fig. 6.

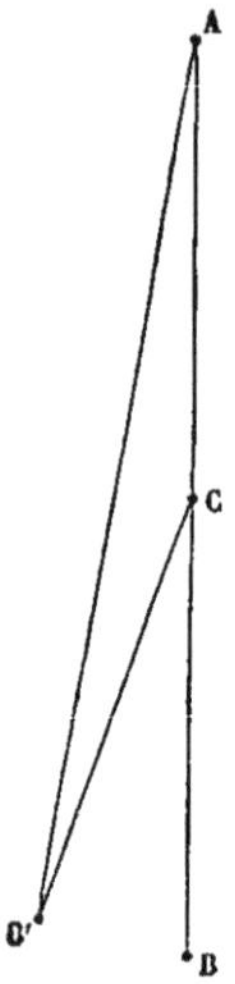

A C B B'

On corrigera ce vice en transportant convenablement les fils de la lunette au moyen des vis placées près de l'oculaire, ou bien, si le jeu du réticule n'est pas suffisant, en faisant changer le montage de la lunette.

Ce vice, qui a peu d'influence sur les angles dont les trois points sont au même niveau, occasionne des erreurs graves pour les angles où la position de la lunette est inclinée.

En visant un fil à plomb et en agissant sur l'appendice qui élève ou abaisse une extrémité de l'axe de rotation de la lunette, on amène le plan décrit par l'axe optique suivant la verticale.

On réglera l'horizontalité de l'axe optique, pour les boussoles carrées munies d'un cercle vertical et d'un vernier fixe, en faisant coïncider d'abord le 0 du vernier avec celui du limbe et visant dans cette position un point quelconque. On amène ensuite le deuxième 0 du cercle vertical à coïncider avec celui du vernier, et l'on vise le même point : si le réticule ne tombe pas au point voulu, on corrige moitié de l'erreur avec la vis destinée à cet effet. On répète ces opérations sur un nouveau point jusqu'à ce qu'on arrive au résultat cherché.

Nous diviserons l'opération du lever au moyen de la boussole carrée en deux parties distinctes : 1° pose des points et chaînages; 2° mesure des angles.

Trois aides sont nécessaires pour opérer rapidement.

Nous avons dit que la boussole carrée pouvait être employée pour les levers des travaux secondaires, la pente du gîte étant faible. Deux cas alors se présentent, ou bien la galerie est ferrée ou bien elle ne l'est pas. Dans le premier cas on déterminera les angles que font deux stations consécutives ; dans le deuxième, on observera les directions magnétiques de ces stations.

1° Pose des points et chaînage (*cas où la galerie est ferrée*). — La direction magnétique ou vraie de la base étant déterminée, direction obtenue soit par le calcul, soit en écartant tout le fer qui se trouve à proximité et lisant l'angle de la boussole, le troisième aide posera sa lampe à l'extrémité postérieure de cette ligne et le premier marchera dans la direction du travail à lever jusqu'à ce que les contours de la galerie lui interceptent cette lampe; ce dernier revient un peu en avant et pose un clou qu'il enfonce dans une traverse du chemin de fer de manière qu'il soit visible du point où stationne le troisième aide. Au signal convenu, le troisième aide arrive au point posé par le premier, et place sa lampe sur ce point. Celle-ci sert de point de mire au premier aide pour déterminer le second point, et au géomètre qui, avec le deuxième aide, procède au chaînage de la station. Si celle-ci a moins d'une longueur de chaîne, le deuxième aide marchant en avant placera l'encoche de la poignée au centre de la tête du clou ou sur la verticale passant sur ce point, et le géomètre présentant la chaîne, en la tendant, au point de départ fera avancer l'ongle du pouce jusqu'en face du centre de la tête du clou. Le deuxième aide, au signal du géomètre, compte le nombre de mètres de la station et les énonce : l'opérateur y ajoute les décimètres et centimètres et s'assure de l'exactitude de la distance mesurée en observant ce qui reste sur l'autre bout de la chaîne ; la distance chaînée et ce reste doivent faire exactement la longueur de la chaîne. Pendant ce temps le troisième aide a pris les largeurs à droite et à gauche du point posé.

Si la station a plus d'une longueur de chaîne, le deuxième aide marche jusqu'à ce que la chaîne soit complétement tendue, en ayant soin de tenir celle-ci par la poignée seulement, de manière à laisser libres tous ses mouvements de torsion ; le géomètre, faisant arriver l'encoche de sa poignée au centre du clou (origine de la station), aligne la lampe du deuxième aide ; pour cela il a soin de placer l'œil dans le plan vertical passant par les deux points déterminant la station, indiquant alors au deuxième aide de quel côté sa lampe doit être transportée pour qu'elle soit contenue dans le plan vertical. Ce mouvement doit se faire sans secousse, afin que la lampe soit arrêtée à temps voulu. Celle-ci étant dans l'alignement à une dizaine de centimètres de la poignée, le deuxième aide placera l'encoche de la chaîne dans ce même alignement, enfoncera une fiche verticalement en ayant soin qu'elle se loge dans l'encoche, élèvera la chaîne afin qu'elle ne fasse pas de courbes, et la replacera à sa position première pour vérifier l'exactitude de la fiche. Pendant que le deuxième aide élève la chaîne, si l'opérateur est à une reprise, il a le soin d'éviter de toucher la fiche, afin que cette dernière ne soit pas déviée de la verticale.

Pour rendre la chaîne horizontale, l'opérateur, ou le deuxième aide, élève suffisamment une extrémité suivant le sens de la pente et projette cette extrémité au moyen du fil à plomb dont on doit être constamment muni.

La première fiche posée, le deuxième chaîneur avertit le géomètre qui se rend aussitôt en laissant la chaîne à terre. Celui-ci, après avoir reconnu sa fiche, prend la chaîne dans la main pendant que le deuxième aide marche en avant. La poignée de la chaîne étant arrivée jusqu'à lui, il fait arrêter le deuxième chaîneur, place la poignée de manière que la fiche soit reçue dans l'encoche, ou bien, au moyen du fil à plomb, fait arriver cette encoche sur la verticale de la pointe de la fiche. Il a préalablement aligné la lampe du deuxième chaîneur qui place une deuxième fiche comme précédemment, et ainsi de suite. La dernière chaînée n'ayant jamais, pour ainsi dire, une longueur de chaîne exacte, entre dans le premier cas que nous avons considéré. Le deuxième aide énonce le nombre de mètres de la dernière chaînée, l'opérateur compte le nombre de fiches qu'il multiplie par la longueur de chaîne, y ajoute le nombre de mètres, décimètres et centimètres que le deuxième aide a observés en plus et inscrit cette distance à la colonne respective du carnet. Le troisième aide lui donne les largeurs à droite et à gauche et se transporte au point que vient de poser le premier ; on procède alors à la pose d'un troisième point et au chaînage de la station 1-2 comme il a été dit, et ainsi de suite.

En résumé, le chaînage, dans les conditions que nous avons supposées, est réservé au géomètre et au deuxième aide et la pose des points, aux premier et troisième aides. Inutile de dire que la plupart du temps on ne dispose pas d'un personnel aussi nombreux et qu'il devient impossible d'opérer ainsi. Nous laissons au géomètre le soin de distribuer ce travail, ne perdant pas de vue les détails que nous avons cités, qui sont en rapport avec l'importance du travail à lever; toutefois, nous pensons, sans être trop exclusif, qu'il est bon d'habituer les aides à chaîner aussi exactement que le comportent les instruments employés.

Si l'inclinaison est trop grande, le chaînage peut se faire au moyen d'un cordeau fortement tendu d'un point à un autre, en mesurant la longueur du cordeau et son angle d'inclinaison, ou bien, si la pente est régulière, en se servant du cercle vértical et mesurant suivant le sol de la galerie; dans ce cas, on devra viser un point à une distance verticale du sol égale à celle qui existe entre ce dernier et l'axe de rotation de la lunette, ou bien encore, on visera ce point lui-même, en tenant compte de la hauteur de la lunette. On forme ainsi, dans le premier et deuxième cas, des triangles rectangles dont l'hypoténuse et un côté sont connus, et dans le troisième cas un triangle quelconque dont deux côtés et un angle sont connus.

Dans ce dernier cas on détermine l'angle ADB opposé à la base (fig. 7 ci-contre), et ensuite le côté AD, qui devient l'hypoténuse d'un triangle rectangle, dont les deux autres côtés AC et CD sont l'horizontale et la verticale, et dont un angle aigu, celui opposé à la verticale, a été mesuré. Il est dès lors facile de résoudre ce triangle qui contient la solution cherchée. Ce dernier cas occasionne quelques calculs de plus, mais on est parfois obligé de l'employer, car il peut arriver que du point A le point D soit visible et non un point placé au-dessus à une distance égale à celle de l'axe optique au-dessus du sol.

Fig. 7.

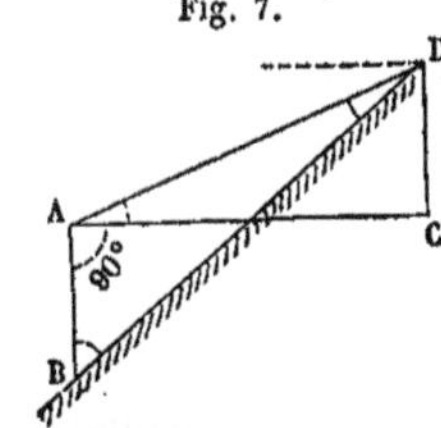

AB hauteur de la lunette.
BD ligne mesurée.
DAC angle vertical observé.

Après la pose des points et le chaînage on devra repérer au toit chaque point posé, afin de pouvoir viser, dans la mesure des angles, une lampe suspendue par une chaînette à maillons métalliques (*), ou mieux encore, afin de viser un cordeau en chanvre tendu par un plomb et entièrement blanchi au blanc d'Espagne. Dans ce cas l'aide éclaire le cordeau ou le plomb au moyen de lampes tenues en avant du point.

(*) Ces maillons ont pour but d'éviter le mouvement rotatoire des ficelles tordues et suspendues par une extrémité.

Cas où la galerie n'est pas ferrée. — Les points, au lieu d'être placés au sol de la galerie sur les traverses du chemin de fer, seront fixés au toit au moyen d'un trou au fleuret dans lequel on introduira une cheville en bois qui recevra le clou, ou bien au chapeau d'un cadre si la galerie est boisée. On projettera au moyen d'un fil à plomb ces points au sol de la galerie, et le chaînage et la pose des points n'offrent dès lors aucune difficulté.

Le premier aide, en déterminant les points, doit avoir soin de placer ceux-ci devant tous les travaux qui devront être relevés plus tard, et dans des parties du toit présentant une certaine solidité.

Comme vérification, les distances seront mesurées une deuxième fois en revenant sur le point de départ. La moyenne des distances trouvées donne la longueur de la station. La différence pour une station de 20 mètres ne doit pas excéder 2 centimètres.

2° Mesure des angles. — Ici comme au chaînage nous ferons la même division c'est-à-dire que nous aurons à considérer le cas où la galerie est ferrée et celui où elle ne l'est pas. Dans le premier cas, on détermine les angles que font deux stations consécutives, dans le deuxième, on détermine les directions magnétiques de chaque ligne d'opération.

Premier cas. — Le premier aide pose le trépied, le deuxième et le troisième, les mirettes, les fils à plomb ou chaînettes, suivant que l'opérateur préfère viser la flamme d'une lampe, le cordeau ou le bouton en cuivre des mirettes. Ne perdons pas de vue pourtant qu'il est préférable de tirer parti de la pesanteur pour déterminer la ligne d'opération, et qu'avec ce système on peut faire servir le fil à plomb à vérifier le mouvement de bascule de la lunette.

Si l'on emploie les mirettes elles seront tenues de manière que le sommet B de l'angle ABC (fig. ci-contre) corresponde avec le centre de la tête du clou (il n'est pas indispensable que ces mires soient de niveau). Les lampes seront placées un peu en avant des mirettes de manière que les rayons lumineux arrivent sur le sommet B de cet angle.

Fig. 7 *bis*.

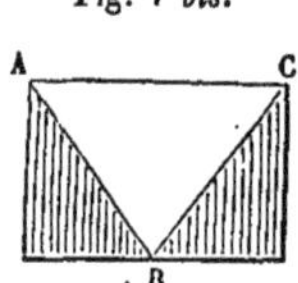

Si l'on emploie les chaînettes, après avoir préalablement fixé une extrémité à l'anneau de la lampe et rendu la flamme de celle-ci aussi petite que possible, on accroche l'autre extrémité au clou fixé au toit, de manière que la verticale passant par le centre du clou soit contenue par le centre de la flamme.

Enfin, si l'on a cru devoir se servir des ficelles blanchies au blanc d'Espagne, on attachera l'extrémité du fil de façon qu'il se place suivant la verticale passant par le centre du clou, le plomb étant libre et immobile. Deux lampes tenues par l'aide un peu en avant de la ficelle, éclaireront celle-ci pendant que l'opérateur la visera. Les chaînettes et fils à plomb ont l'inconvénient, dans les parties de la mine où l'aérage est actif, de remuer constamment; on comprend qu'il est dès lors difficile de pointer exactement.

La pose du trépied réservée au premier aide dépend, comme beaucoup d'opérations relatives au lever des plans, de l'habitude de l'opérateur. Voici pourtant ce que l'on fait le plus habituellement. Desserrer d'abord les vis des pieds, afin que ceux-ci jouent librement, placer à peu près les trois pieds sur les sommets d'un triangle équilatéral dont le centre est occupé par le point, et voir, dans cette position, si le plomb fixé au chariot de la boussole ou au point du toit (cas où les points sont disposés au toit de la galerie) arrive assez près du point voulu pour qu'avec le mouvement imprimé à la partie supérieure du chariot, on puisse faire arriver exactement son centre sur la verticale du fil à plomb, ou la pointe de celui-ci sur le centre de la tête du clou. S'il n'en est pas ainsi, abaisser ou relever une des jambes jusqu'à ce qu'on se mette dans les conditions précitées, sans perdre de vue pourtant que le plateau, ou plutôt le chariot, conserve une position à peu près horizontale. Il suffit parfois, pour arriver à cette position, de faire décrire à l'un des pieds un arc de cercle dont le centre est à peu près celui du plateau.

Cela fait, on serre les vis des pieds et l'on appuie fortement sur ceux-ci afin de s'assurer de la solidité du trépied. En faisant jouer le chariot on fait coïncider exactement la pointe du plomb avec le centre de la tête de clou ou le centre du chariot, suivant que l'on se sert du point inférieur ou supérieur.

L'opérateur place ensuite la boussole sur la pièce supérieure du chariot, de manière que les trois vis calantes se logent dans les rainures disposées pour les recevoir, établit un des niveaux à bulle d'air parallèle à deux de ces vis, et fait arriver, au moyen de celles-ci et en agissant inversement, la bulle du niveau entre ses repères; avec la troisième vis, sans toucher à la boussole, on fait arriver la bulle du deuxième niveau; si la première varie de position, on la ramène, et ainsi de suite. On s'assure de l'horizontalité de l'instrument en lui faisant décrire un quart de révolution.

On procède ensuite à la recherche du point arrière en visant la lampe ou le milieu des deux lampes, suivant qu'on se sert de la chaînette, du plomb ou des mirettes, prenant des points de visée sur la génératrice supérieure ou inférieure de la lunette. Avec un peu d'habitude, il est rare qu'on n'ait pas, du premier coup d'œil, le point à viser dans le champ de la lunette. On serre alors la vis de pression et au moyen de la vis de rappel on amène le croisement des fils à coïncider exactement avec le point voulu.

En attendant l'arrêt de l'aiguille aimantée, mise préalablement en liberté, on lit l'angle d'inclinaison accusé par le cercle vertical, si l'opérateur croit devoir faire le nivellement des différents points au moyen du système adapté à la boussole. Dans ce cas, le point à viser devra être placé au sol, ou à une hauteur verticale de celui-ci égale à la hauteur de l'axe de rotation de la lunette (le fil à plomb n'est plus d'usage); la station sera chaînée horizontalement ou suivant le pente. Ces procédés exigent des calculs de triangles un peu longs, mais simples. (Voir la fig. ci-contre

Fig. 8.

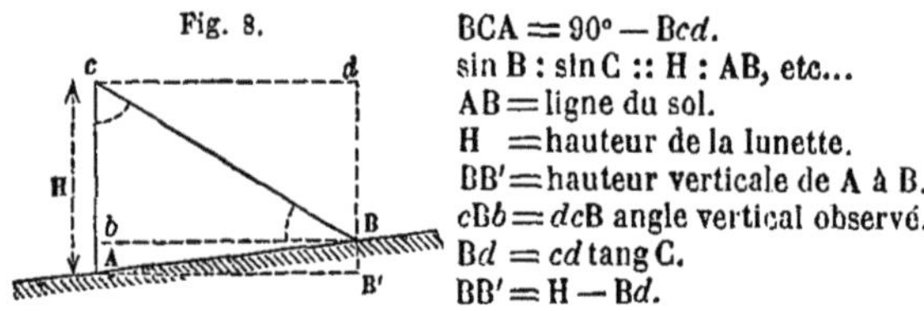

et ce que nous avons dit à la page. 19) On mesurera exactement la hauteur de la lunette. On note l'angle observé à la colonne respective du carnet, et l'on passe à la lecture de la direction accusée par la pointe bleue de l'aiguille aimantée.

Cette lecture ne présente pas de difficultés si l'on suit les prescriptions relatives à la lecture sur les boussoles suspendues (*).

(*) La lecture sur le limbe vertical ne présente rien de particulier à la condition que les angles seront observés à $\frac{1}{4}$ de degré près. Nous aurons occasion d'y revenir au chapitre Théodolite.

La direction lue et inscrite, on retourne la lunette suivant le cercle vertical de manière à faire arriver l'objectif à la place de l'oculaire et l'on desserre la vis de pression qui fixe la partie supérieure de l'instrument à la partie inférieure. Celle-là, pouvant, dès lors, tourner librement autour de l'axe vertical, on fait arriver la lunette à la gauche de l'opérateur et l'on vise, comme il a été précédemment dit, le point arrière. On lit de nouveau l'angle accusé par le fil à plomb ou l'aiguille des inclinaisons et la direction accusée, non plus par la pointe bleue, mais par la pointe blanche de l'aiguille aimantée. Cette direction varie d'autant plus de la première que la longueur de la station est faible.

Le but de cette double visée est de rectifier l'erreur produite par l'excentricité de l'instrument. La moyenne arithmétique des directions observées donne la direction exacte de la station.

Le géomètre se place ensuite de manière à viser le point avant, et répète pour celui-ci les mêmes opérations qu'il a faites pour le point arrière. Les angles lus et notés, il fait prendre la hauteur verticale de la lunette au-dessus du sol, si l'on a visé les mirettes, tandis que cette hauteur est observée avant la lecture des angles, si l'on opère avec des lampes.

On fixe l'aiguille aimantée et l'on passe au premier point posé ; la station 0-1 devient ligne de base.

Le premier aide place le trépied et l'on continue la série d'opérations que l'on a faites au point 0.

Deuxième cas. — Dans ce cas, la galerie n'étant pas ferrée, il suffit de placer le centre de l'instrument à un point quelconque de la ligne d'opération et de viser un deuxième point de cette ligne. On stationne généralement à une extrémité et l'on vise l'autre.

Il faut ici, comme dans le cas précédent, viser deux fois le même point en ayant d'abord la lunette à droite, ensuite, à gauche, pour rectifier l'excentricité de l'instrument. On lit sur le limbe vertical et horizontal comme il a été dit dans le 1er cas.

Un avantage qu'on peut mettre en pratique lorsqu'on veut opérer rapidement, consiste à stationner à un point et non à l'autre, aux points impairs, par exemple. En visant le point arrière l'observation est inverse, et dans ce cas il faut augmenter ou diminuer la direction trouvée de 180°, en visant le point avant, l'observation est directe, et l'on note l'angle tel qu'on le lit.

Disons de suite qu'on ne doit employer ce moyen que pour des levers de peu d'importance et qu'en passant à tous les points, même au point de départ, on se réserve une vérification qu'on ne doit pas négliger : celle d'observer deux fois la direction de la même ligne par la visée directe et par la visée inverse.

Rien de particulier pour ce cas, sinon que le fer doit être soigneusement écarté.

On peut se dispenser de rectifier l'excentricité de l'instrument en plaçant l'axe optique de la lunette sur le point qui détermine le croisement de deux stations, ou sur un point quelconque de la ligne dont on veut déterminer la direction. Comme il faut que ce résultat soit atteint lorsque la ligne de visée passe par le point voulu, on conçoit qu'il est excessivement difficile d'y parvenir; aussi ce moyen est-il généralement rejeté.

Dans les deux cas que nous avons considérés pour la mesure des angles, on possède les directions de chaque ligne d'opérations (nous verrons comment, pour le premier cas, des fausses directions qu'on a observées, puisqu'on a opéré à proximité d'une masse de fer, on arrive aux directions exactes). On possède aussi pour la construction du plan les distances horizontales de ces lignes et la différence de niveau d'un point à un autre.

Le lever des galeries très-inclinées au moyen de la boussole carrée n'est possible que lorsqu'on peut établir le trépied. Dans ce cas, le chaînage se fait au moyen du cordeau qu'on tendra d'une extrémité à l'autre de la station, ayant soin de placer l'un des points de la station au toit de la galerie et l'autre au mur. Après avoir lu les angles d'inclinaison au moyen du niveau à perpendicules, on chaîne suivant le cordeau. Cette opération, qui donne la longueur horizontale de la station, donne en même temps sa hauteur verticale, et l'on s'abstient, par suite, de lire les angles d'inclinaison accusés sur le cercle vertical.

On ne devra pas oublier de prendre la hauteur verticale au bas des points placés.

La boussole carrée et tous les instruments excentriques exigent, pour reproduire la direction d'une ligne ou un angle donné, la connaissance du rayon d'excentricité, c'est-à-dire la distance de l'axe de la lunette au centre du limbe.

Le seul inconvénient d'une boussole carrée, en dehors des erreurs inhérentes aux aiguilles aimantées, est l'impossibilité à peu près complète d'installer son trépied dans les parties de la mine dont la pente dépasse un nombre de degrés très-restreint (20 à 25), et dans les parties sinueuses de faibles dimensions.

On voit par là qu'il faut avoir recours, pour lever ces parties de la mine, à la boussole suspendue avec laquelle on passe dans tous les travaux sans exception, considération qui nous permet d'ajouter à ce que nous avons dit à la fin du chapitre précédent, que la boussole suspendue doit être regardée comme le seul instrument possible, connu jusqu'à ce jour, pour lever des travaux que nous avons appelés secondaires.

CHAPITRE III.

THÉODOLITE.

Description sommaire de l'instrument et de ses accessoires. — Vérification de l'instrument. — Détails de l'opération.

On désigne sous le nom de *théodolite* tout instrument destiné à la mesure des angles horizontaux et verticaux.

Nous en distinguerons deux sortes : ceux dont la lunette passe par l'axe vertical de l'instrument et ceux dont la lunette passe en dehors de cet axe et évite, dans son mouvement de bascule, le cercle horizontal. Ces derniers portent un limbe vertical complet permettant de lire un angle vertical quelconque ; c'est là le principal avantage d'un instrument pareil, avantage qui est loin de compenser ses nombreux inconvénients.

Les théodolites que nous avons rangés dans la première catégorie, c'est-à-dire ayant la lunette dans l'axe, sont en général d'une construction plus simple que ceux de la seconde.

Cette considération, jointe aux défauts que présentent tous les instruments excentriques, explique la préférence que l'on donne aux premiers.

Chaque constructeur ayant un genre de théodolite qui lui est particulier, nous nous bornerons à la description de celui qui nous paraît réunir les conditions les plus avantageuses.

Première catégorie. — Il se compose de trois parties principales : la partie inférieure AB (fig. 1, pl. II) qui repose immédiatement sur le plateau du trépied ou sur le chariot adapté à ce plateau. Elle porte les trois vis calantes ou de pointage *ccc* disposées de façon qu'elles occupent les sommets d'un triangle équilatéral, dont le centre est la projection de l'axe vertical.

Le corps de l'instrument reçoit à frottement l'axe *aa'* du limbe horizontal H qui compose la seconde partie. Cet axe se prolonge au-dessus et reçoit également à frottement doux la règle ou alidade *mn* formant la troisième partie.

Deux pinces d'arrêt *vv'*, munies de leur vis de rappel *rr'*, permettent de faire prendre au limbe horizontal et à la règle ou alidade une position quelconque autour de l'axe de l'instrument, soit simultanément, soit indépendamment l'un de l'autre, et d'imprimer à ces parties un mouvement aussi lent que possible.

La troisième partie porte la lunette *ll* et parfois un niveau à bulle d'air, tandis que le limbe horizontal doit toujours être muni de son niveau *xx* et de ses accessoires.

Cette partie porte un arc de cercle *pq* pour la mesure des angles verticaux ne dépassant pas 40°.

La partie inférieure porte un pas de vis dans lequel s'engage un boulon avec ressort à boudin, afin de fixer solidement l'instrument au trépied.

Généralement les théodolites devant servir aux opérations souterraines sont gradués de façon à donner la minute, et cette approximation suffit presque toujours; tandis que les théodolites destinés aux opérations extérieures : triangulation, tracé des lignes droites, etc., etc., sont divisés de manière à donner, au moyen d'un vernier convenable, les 20 et même les 10 secondes.

Quelques théodolites portent une deuxième lunette dite de repère.

Elle n'est employée qu'extérieurement et même sans avantage, surtout si l'on s'assure de l'exactitude de chaque angle observé par son supplément à 360°, c'est-à-dire par un tour d'horizon.

Les niveaux à bulle d'air, si toutefois l'instrument en a deux, sont placés à angles droits.

Deuxième catégorie. — Les théodolites que nous avons rangés dans la deuxième catégorie, ne diffèrent des premiers que dans la partie supérieure. Ils sont munis d'une disposition particulière pour que la lunette se trouve en dehors du cercle horizontal et puisse, par suite, parcourir un cercle vertical complet.

Un contre-poids, ménagé sur la partie diamétralement opposée au limbe vertical contre-balance l'effort de flexion dû à cette disposition sur l'axe de l'instrument. Le cercle vertical est divisé en quatre angles droits, les deux zéros sont sur la ligne horizontale. L'approximation de ces instruments est d'une minute pour ceux destinés à l'intérieur et 10″ pour ceux du jour.

Trois pinces d'arrêt munies de leur vis de rappel sont disposées, les deux premières sur le limbe horizontal et la règle, la troisième sur le limbe vertical (*).

Les différents organes des théodolites de la première et de la deuxième catégorie doivent être tous munis de leurs moyens de rectification, afin que l'opérateur soit en mesure de régler son instrument lorsqu'il le juge à propos.

Les accessoires indispensables aux levers au moyen du théodolite sont: un trépied muni d'un chariot, deux mirettes et leur petit niveau, une chaîne-ruban de 10 mètres, un sac garni de clous, chevilles, etc. Les deux mirettes sont remplacées, soit par deux plombs avec ficelle blanchie, soit par deux chaînes à maillons métalliques, suivant que l'opérateur croira devoir employer l'un ou l'autre procédé.

Trépied. — Il est composé, comme l'indique son nom, de trois pièces principales appelées pieds, fixées à une quatrième pièce appelée plateau au moyen de trois boulons dont la tête porte une partie carrée noyée dans la branche du pied, et dont la partie filetée reçoit une rondelle et un écrou à oreilles. Cette disposition permet de fermer ou d'ouvrir les pieds à volonté. Ceux-ci sont composés de deux lames de bois dont les extrémités inférieures sont reçues par la même virole, et dont les supérieures sont convenablement écartées pour recevoir un des côtés du plateau. Celui-ci est percé au centre d'un trou suffisamment grand pour que, dans presque tous les mouvements du chariot, le fil à plomb ne touche à ses parois.

Chariot.— Cet instrument, indispensable dans tous les levers de précision, soit pour faire coïncider exactement le centre de l'instrument avec la verticale passant par le sommet d'une station, soit pour la rapidité du travail, est dû à l'heureuse idée de M. Blanchet qui fit construire le premier à Tamaris, près d'Alais, en 1857, pour le service des mines de Rochebelle.

Il se compose de trois pièces principales : l'inférieure AB (fig. 11, 12, 13, 14, pl. III), fixée au trépied au moyen de trois boulons avec écrous à oreilles *bbb*, porte quatre pièces à section trapézoïdale *tt* dans lesquelles se logent et peuvent glisser librement deux

(*) Nous renvoyons au Traité sur l'exploitation des mines, par M. Combes, t. III, pour de plus amples détails sur le théodolite qui porte son nom, et qui appartient à la deuxième catégorie.

côtés de la pièce moyenne *nn*. Celle-ci, composée d'un cadre rectangulaire dont les deux grands côtés glissent dans la pièce inférieure, porte aussi deux rainures perpendiculaires recevant deux languettes *cc* fixées à la pièce supérieure DD. La pièce moyenne porte, en outre, une ouverture filetée sur l'un des grands côtés dans laquelle s'engage un boulon mobile *v*, sur la pièce supérieure DD qui permet de faire avancer ou reculer celle-ci suivant un sens. Une deuxième ouverture, pratiquée dans le petit côté de la pièce moyenne, reçoit un second boulon mobile *v'*, sur la pièce inférieure ce qui permet de faire avancer ou reculer, suivant un sens perpendiculaire au premier, la pièce moyenne et, par suite, la pièce supérieure. De cette façon, au moyen des vis *v*,*v'*, on imprime au plateau DD deux mouvements perpendiculaires pouvant avoir lieu simultanément. C'est sur ce plateau que repose directement le théodolite par ses trois vis de calage, de manière que l'axe vertical de l'instrument se projette au centre de l'ouverture qui reçoit le fil à plomb.

On remplace avantageusement le mode de fixation du chariot au trépied par un pas de vis d'un diamètre de 10 centimètres environ, s'engageant dans une partie filetée que porte le plateau du trépied (fig. 13, pl. III). Cette disposition permet d'enlever facilement le chariot pour le placer dans une boîte et éviter ainsi toute détérioration par le transport du trépied dans les parties de la mine les plus sinueuses.

Les mirettes sont des plaques de tôle rectangulaires peintes sur une des faces comme le voyant des mires à coulisse, auxquelles est fixé, au point commun des quatre rectangles, un bouton en cuivre. L'autre face porte deux talons dont l'un sert d'appui et le deuxième reçoit le niveau à bulle d'air ; ce dernier talon doit être parallèle à la ligne horizontale de la mirette (fig. 4, 5, 6, pl. IV).

Nous nous dispenserons de décrire les autres instruments.

Nous diviserons le travail du lever au théodolite en deux opérations, savoir : 1° pose des points et chaînage ; 2° mesure des angles.

1° Pose de points. — Voir boussole carrée, pose des points et chaînage, cas où la galerie est ferrée.

2° Mesure des angles. Vérification de l'instrument. *Première catégorie.* — Pour qu'on puisse opérer efficacement avec un théodolite, il faut :

1° Que son limbe puisse s'établir horizontalement d'un manière rigoureuse, et que le plan obtenu soit perpendiculaire à l'axe principal de l'instrument, qui devient dès lors vertical;

2° Que l'axe optique de la lunette décrive, dans son mouvement de bascule, un plan et non un cône, et que ce plan soit vertical;

3° Que l'axe optique passe constamment par l'axe vertical de l'instrument contenant le centre du limbe et celui de l'alidade, en un mot que l'instrument soit centré.

On remplit la première condition en amenant, après avoir établi à l'œil le cercle HH (fig. 1, pl. II) à peu près horizontal, le niveau, supposé non réglé, parallèle à deux vis de calage. On note la position qu'occupe la bulle, soit au moyen d'un morceau de craie, soit au moyen des divisions du tube; ou retourne de 180°, si la bulle occupe la même position du tube, le cercle est horizontal; sinon, faire avancer la bulle du côté voulu de la moitié de la différence en agissant sur un vis de calage. Répéter cette opération jusqu'à ce que la bulle occupe, par le retournant à 180°, la même position.

On amène ensuite la bulle au milieu du tube au moyen de la vis qui élève ou abaisse une de ses extrémités.

On arrive au même résultat en plaçant, comme précédemment, le niveau parallèle à deux vis de calage, et amenant la bulle du niveau réglé ou non entre ses repères en agissant inversement sur ces deux vis. Retournant de 180°, la bulle doit occuper la même position si le niveau est réglé, sinon, on corrige moitié de la différence avec une vis de calage et moitié avec la vis du niveau.

Répéter cette opération sur les deux mêmes vis et sur la troisième jusqu'à ce que la bulle soit bonne, c'est-à-dire, jusqu'à ce qu'elle demeure entre ses repères pour toutes les positions du cercle autour de l'axe vertical.

On remplit la deuxième condition en donnant, par le retournement de la lunette bout pour bout, un alignement en avant et en arrière, comme nous avons dit au chapitre boussole carrée, ou bien en rendant horizontal l'axe de rotation de la lunette et visant un point par le retournement de l'axe optique à 180°.

Ainsi, fig. 9, soit *ab* l'axe de rotation de la lunette, rendu horizontal par le moyen que nous indiquerons ci-dessous, et *cd* l'axe optique déterminé par le centre optique de l'objectif et le croisement des fils du réticule. Après avoir visé le point *d* on retourne la lunette sur elle-même de 180°, c'est-à-dire, en portant le tourillon b sur le coussinet a, et le tourillon a sur le coussinet b ; la ligne de visée prendra la direction $c'd'$, par exemple, si l'axe optique n'est pas calé à angles droits sur l'axe de rotation; dans ce cas la figure décrite par cet axe pendant un tour complet de la lunette autour de l'axe ab, sera un cône ayant pour sommet un point situé sur l'axe de rotation ab et pour base l'infini. On ramène l'axe optique au moyen du réticule suivant la ligne $c''d''$ perpendiculaire à ab, ce qui est indiqué lorsque par le retournement on tombe sur le même point visé. Dans ce cas la figure décrite est un plan, et, comme la ligne ab est horizontale, ce plan doit être vertical. On s'en assure en visant un fil à plomb.

Fig. 9.

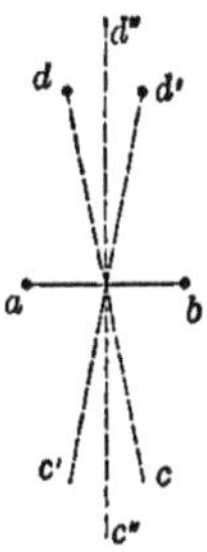

L'horizontalité de la ligne ab ou de l'axe de rotation de la lunette s'obtient, après avoir bien établi le limbe horizontalement en posant un niveau réglé ou non à cheval sur cet axe. Si le niveau est réglé, il suffit d'amener la bulle entre ses repères au moyen du système de vis adapté à une extrémité de l'axe de la lunette, qui élève ou abaisse cette extrémité pendant que l'autre pivote autour d'un point. (Voir fig. 5, pl. II.)

Si le niveau n'est pas réglé, on note la position occupée par la bulle et l'on retourne le niveau de 180° de manière que la patte, qui reposait à droite, par exemple, repose à gauche et *vice versa*. La bulle occupant la même partie du tube, indique que l'axe de la lunette est horizontal ; on n'a alors, si l'on veut se servir de ce deuxième niveau pendant l'opération, qu'à amener la bulle entre ses repères au moyen de la vis du niveau ; si la bulle n'occupe pas la même partie du tube après le retournement, on note la différence et, en agissant sur la vis qui élève ou abaisse l'extrémité de l'axe, et on fait avancer la bulle à peu près de la moitié de cette différence. On remet le niveau à sa position première, et l'on recommence cette opération jusqu'à ce que par le retournement la bulle occupe exactement la même partie du tube.

On enlève le niveau et l'on fait décrire à l'axe de la lunette une demi-révolution, portant son tourillon de droite sur le coussinet de gauche et inversement. Plaçant le niveau dans cette nouvelle position de la lunette, la bulle doit occuper le même espace du tube que précédemment ; le contraire indiquerait que les tourillons ont des diamètres différents. Dans ce cas, la lunette ne devra pas changer de position, relativement aux supports, pour une même opération.

On satisfait à la troisième condition en visant le plus loin possible un point bien tranché, ayant fait d'abord coïncider le zéro du vernier avec celui du limbe. On retourne la lunette bout pour bout, sans la faire mouvoir autour de son axe optique, et l'on fait arriver le zéro du deuxième vernier sur celui du limbe ; si le réticule tombe sur le même point, l'axe optique passe par l'axe principal de l'instrument, sinon, on l'y ramène en corrigeant moitié de l'erreur avec le système adapté pour cet effet à la lunette, et moitié avec la vis de rappel inférieure ; l'on vise de nouveau le point, et ainsi de suite.

On a eu soin de s'assurer, avant cette vérification, que les zéros des verniers accusaient des angles différents de 180° exactement pour diverses positions de la règle sur le limbe.

Nous ferons remarquer que cette dernière condition est peu importante, parce qu'elle n'influe que très-peu sur les angles observés, en supposant, toutefois, que l'axe optique de la lunette passe très-près de l'axe vertical de l'instrument. Nous renvoyons au chapitre qui traite de l'excentricité des instruments, pour se faire une idée exacte de l'erreur commise.

Il peut encore exister dans les théodolites des erreurs provenant de la non-coïncidence des axes de rotation du cercle et de l'alidade, et du défaut de graduation; on élimine les premières par la lecture des angles sur les deux verniers, et on les atténue, ainsi que celles provenant du défaut de graduation, en employant le procédé de répétition que nous indiquons plus loin.

L'horizontalité de l'axe optique de la lunette, ou plutôt le réglage du cercle vertical, s'obtient en agissant sur la vis *t* (fig. 1, pl. II. Voir Boussole carrée, vérification de l'instrument, page 16).

Deuxième catégorie. — Ces théodolites ne présentent rien de particulier : on règle les niveaux et la lunette par les procédés indiqués pour les instruments de la première catégorie et le moyen donné au chapitre Boussole carrée.

On réglera le deuxième niveau, si l'instrument en possède deux, en plaçant le limbe horizontalement au moyen du premier niveau, et en agissant ensuite sur la vis du deuxième.

Détails de l'opération, Théodolite. *Première catégorie.* — Les trois aides qui ont servi à la pose des points et du chaînage seront ainsi distribués: le premier au trépied, le second au point avant, le troisième au point arrière.

La mise en station ne diffère en rien de celle décrite au chapitre Boussole carrée. Pendant le temps que le premier aide et le géomètre y emploient, le second et le troisième aide placent leur mirette ou leur fil à plomb, ou bien leur chaînette métallique munie d'une lampe. Si l'on se sert des mirettes, ils auront le soin de poser la face carrément à la ligne d'opération, la ligne verticale coïncidant avec le centre de la tête du clou. La bulle du niveau posé sur le talon doit être alors entre ses repères.

Si l'on emploie les ficelles blanchies ou les chaînettes, après avoir préalablement fixé la boucle au point du toit, de manière que le fil à plomb ou la flamme de la lampe soit suivant la verticale voulue, l'aide éclaire, pour le cas du fil à plomb, la ficelle au moyen de deux lampes qu'il tient un peu en avant de celle-ci.

Dans le cas des mirettes, ces lampes sont placées à $0^m.10$ en avant de telle sorte que le bouton en cuivre soit bien éclairé.

Après avoir convenablement et solidement établi le trépied au point voulu, le géomètre y posera l'instrument de façon que les trois vis de calage se logent dans les rainures de la pièce supérieure du chariot destinées à les recevoir. Il fait presque coïncider sans serrer la pince d'arrêt supérieure (Voir fig. 1, 2, pl. II), le zéro du vernier avec celui du limbe, et fait tourner l'instrument jusqu'à ce que le niveau de ce limbe soit parallèle à deux vis de calage. Dans cette position, en agissant sur ces deux vis et en sens inverse, il amènera la bulle entre ses repères. Faisant décrire à l'instrument un angle de 90°, l'opérateur place le niveau parallèle à la troisième vis de calage. En agissant sur celle-ci, il ramène de nouveau la bulle entre ses repères; il fait revenir l'instrument à sa position première, et si la bulle n'est pas au point voulu, il agit de nouveau sur les deux vis et ainsi de suite.

Le deuxième niveau du théodolite calé à angle droit du premier, évite ces retournements et tâtonnements, qui du reste sont de peu d'importance.

L'instrument horizontal, le géomètre, placé en face du point arrière, fait coïncider exactement le zéro du vernier qu'il destine à la lecture des angles avec le zéro du limbe. Généralement on se sert du vernier qui est à proximité des vis de pression et de rappel. Pour cela, il amène à l'œil nu les deux zéros aussi près que possible, serre la vis de pression supérieure *v*, et, pendant qu'il a l'œil sur la loupe S, il fait arriver les deux zéros à coïncider exactement en agissant sur la vis de rappel *r*. Pour juger plus facilement de cette coïncidence, le vernier porte du côté opposé à la graduation un trait à une distance du zéro égale à la valeur d'une petite division du vernier. Un coup d'œil sur le trait qui précède et sur celui qui suit les zéros permet de s'assurer que le retard de la première division du vernier est égal à l'avance de la division supplémentaire, et que par suite, les divisions marquées zéro ne forment qu'une seule ligne. Cela fait, il est bon de vérifier que les divisions coïncidant sont bien celles voulues, en jetant un coup d'œil sur la chiffraison du vernier et du limbe.

Dans le cas où l'on opère avec des fils à plomb blanchis, l'opérateur prévient l'aide du point arrière qui dispose ses lampes de manière que le fil soit parfaitement éclairé.

La recherche du point à viser ne présentera aucune difficulté, si l'on se rappelle ce qui a été dit au chapitre Boussole carrée, Mesure des angles. Nous nous dispenserons d'y revenir.

Signalons en passant un fait assez commun dans toutes les parties de la mine où règne une température assez élevée : nous voulons parler de la vapeur d'eau qui se dépose sur les lentilles de la lunette et des loupes, qui, ayant une température bien moindre, font office de parois froides jusqu'à ce qu'elles aient totalement pris la température du milieu où elles se trouvent. Il faut donc attendre un certain temps, essuyer les verres, et opérer.

Le point arrière visé, l'opérateur fait tourner la règle de l'instrument qui porte la lunette jusque dans l'alignement du point avant. Il s'est placé de manière à avoir ce point en face, le vise en suivant les prescriptions voulues, et, desserrant la vis de pression inférieure, il amène le zéro du vernier, qu'il avait placé sur le zéro du limbe, dans une position lui permettant de lire l'angle sans se déranger.

Pour procéder convenablement à la lecture de cet angle, on observe d'abord les dizaines de degrés ou les numéros tracés sur le limbe; on prend le plus petit des deux numéros comprenant le zéro du vernier, et l'on y ajoute les degrés et les plus petites divisions du limbe que le zéro du vernier indique en plus, ensuite les subdivisions lues sur le vernier (*).

Pendant cette lecture, l'opérateur tient la lampe de la main gauche, en appuyant le medium et l'annulaire l'un sur la face supérieure du limbe et l'autre sur la face inférieure ; il fait mouvoir la loupe avec la main droite, pendant que l'œil gauche suit le mouvement.

Quelquefois, et surtout pour les lampes ordinaires à flamme nue, l'aide maintient la lampe pendant que le géomètre la dirige.

L'angle lu et inscrit, le géomètre procède à la lecture du supplément à 360° visant d'abord la mire avant, ensuite la mire arrière. Le résultat de ces deux opérations doit donner un total de 360° à 1′ près. Si la différence dépasse en plus ou en moins 1′, on devra recommencer l'opération, car cette différence ne provient que d'un mauvais pointage ou d'un accident quelconque survenu à l'instrument pendant le stationnement.

L'angle reconnu exact, l'opérateur avertit l'aide du point arrière, qui vient reconnaître le point où l'intrument se trouve et se dispose à y placer sa mirette, lampe ou chaînette, suivant le cas. Il enlève ensuite le théodolite en le saisissant par la partie inférieure et marche en avant. Le premier aide desserre les vis du trépied, prend celui-ci, et suit le géomètre. Celui-ci, arrivé au point avant, donne à l'aide qui s'y trouve la distance suivante afin de lui faciliter la recherche du clou suivant (**) ; il attend que le trépied soit établi solidement, et qu'on n'ait qu'à se servir du chariot pour faire coïncider le centre de l'instrument avec la verticale passant par le point.

Il pose alors l'instrument sur le chariot, de manière que les trois vis calantes se logent dans les rainures qui doivent les recevoir ; au moyen des vis v et v' du chariot et avec le secours de l'aide, qui a l'œil sur la pointe du plomb, il amène insensiblement le centre de l'instrument au point voulu. Ceci suppose que les points sur lesquels on opère sont disposés au mur de la galerie ; dans le cas contraire, l'opérateur, après avoir posé le théodolite sur sa boîte,

(*) Nous donnons plus loin la théorie du vernier ainsi qu'une règle simple pour connaître du premier coup d'œil le degré d'approximation d'un instrument muni d'un vernier quelconque.

(**) L'aide peut d'avance prendre note des longueurs ; dans ce cas le géomètre se dispense de lui indiquer les points. L'aide les retrouvera en mesurant aux pas les distances voulues.

procède lui-même à la mise en station du trépied. L'aide tient le plomb suspendu à une hauteur convenable, l'extrémité de la ficelle coïncidant avec le centre de la tête du clou. Après avoir établi le plateau du chariot à peu près horizontalement, l'opérateur fait arriver le centre à coïncider avec la pointe du plomb en agissant sur les vis du chariot. Ce procédé est d'une rapidité incontestable. On peut faire dans des galeries commodes jusqu'à neuf stations par heure (angle et supplément observés), tandis qu'avec l'autre procédé, on ne peut guère dépasser six. Cela fait, on passe à la mesure de l'angle comme il a été dit ci-dessus.

Quelques théodolites de cette catégorie, portant des arcs de cercle verticaux, permettent de faire le nivellement des différents points. Dans ce cas, les mirettes devront être pareilles à celles de la boussole carrée, ou bien, les points visés seront déterminés au moyen d'une lampe suspendue au clou du toit, à une hauteur verticale au-dessus du sol égale à celle de l'axe de rotation de la lunette au-dessus du même point.

On observera les angles verticaux avant les angles horizontaux à chaque visée, avec le secours d'une loupe qu'on doit avoir constamment à sa disposition. On a, au préalable, réglé la lunette de manière que, lorsque le zéro du cercle vertical coïncide avec celui du vernier, l'axe optique de cette lunette soit horizontal, l'instrument étant en station, c'est-à-dire disposé horizontalement.

Dans une opération délicate, on emploie avec avantage un procédé ayant pour effet d'atténuer les erreurs dues à l'imperfection du limbe et à l'excentricité des axes de rotation du cercle et de l'alidade. Il consiste à répéter plusieurs fois le même angle en le mesurant sur diverses parties du limbe.

Fig. 10.

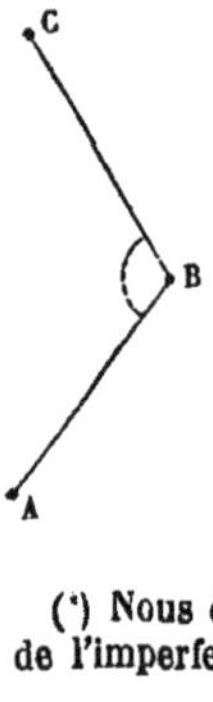

Soit (fig. 10) ABC un angle à mesurer.

L'angle lu une première fois, par les moyens ordinaires indiqués plus haut, on fait arriver la lunette sans desserrer la vis de pression supérieure, de manière à viser le point arrière A, cela fait, on desserre la vis de pression supérieure et on dirige la lunette sur C. L'angle lu sera le double à peu près du premier (*). On

(*) Nous disons, à peu près, parce qu'il existe toujours une différence provenant de l'imperfection des instruments. Il est clair que si les points A et C étaient mathé-

fait arriver de nouveau la lunette sur A sans toucher à la vis supérieure, et, après avoir visé A l'on vise C en faisant tourner la règle seulement. L'angle observé de nouveau sera égal à peu près au triple du premier. En un mot, si on a eu pour la première observation. . . . . 1—120°.14′
la seconde donnera, par exemple. . . . . 2—240°.27′
la troisième. . . . . 3—360°.43′

6—721°.24′

La somme de ces trois angles divisée par 6 donnera l'angle voulu, 6 est le nombre de fois que l'angle vrai est contenu dans le total des observations. On voit donc que l'erreur provenant soit du défaut de graduation, soit de l'excentricité des axes, soit du défaut de lecture, est susceptible de recevoir un diviseur aussi grand qu'on le veut, et devient par suite aussi faible que possible.

Mesure des angles. — Théodolite. 2e *catégorie.* — Nous avons dit que le principal avantage d'un pareil instrument consistait à lire tous les angles verticaux du cadran avec moins de difficulté qu'avec le précédent. L'opérateur voulant donc profiter de cet avantage, fera placer aux points avant et arrière les mirettes employées pour les levers au moyen de la boussole carrée ou les lampes suspendues à une hauteur convenable. Après avoir disposé l'instrument horizontalement par les procédés que nous avons indiqués, il fera coïncider le zéro du vernier avec celui du limbe et amènera la lunette à sa droite pour viser le point arrière. Il cherche ce point en suivant les prescriptions voulues, et lorsqu'il a la flamme de la lampe ou la mirette dans le champ de la lunette, il serre la vis de pression de cette lunette adaptée au cercle vertical et la vis de pression inférieure. Au moyen des vis de rappel, il amène exactement le réticule au centre de la flamme de la lampe suspendue, ou au point voulu sur la mirette qui est le sommet B de l'angle ABC (fig. 11), coïncidant avec le centre de la tête du clou.

Fig. 11.

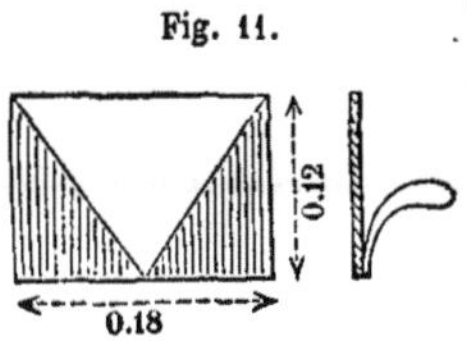

Le point arrière visé, il lit et inscrit l'angle

matiques, et que si les axes de rotation du cercle et de l'alidade coïncidaient d'une manière absolue, le deuxième angle observé aurait exactement une valeur double du premier.

vertical, desserre la vis de pression supérieure, et fait tourner cette partie de l'instrument portant la règle afin de viser le point avant. Il recherche ce point, serre la pince d'arrêt du cercle vertical et celle de la règle, et, au moyen de leur vis de rappel, fait arriver le réticule au point voulu. Après avoir desserré la vis de pression inférieure, il lit l'angle accusé par le vernier vertical, ensuite l'angle accusé par le vernier horizontal (*). L'opérateur replace le zéro du vernier horizontal sur le zéro du limbe et répète, ayant la lunette à gauche, les mêmes opérations que ci-dessus.

La moyenne arithmétique des angles trouvés donnera la valeur de l'angle vrai. Pour avoir son supplément à 360°, il suffit d'effectuer les quatre visées qu'on a été obligé de faire pour l'angle direct visant d'abord la mire avant. On peut se dispenser d'observer pendant la mesure du supplément les angles verticaux.

On aura donc lu, au total, quatre angles horizontaux et quatre verticaux, dont le premier et le troisième, le deuxième et le quatrième de ces derniers devront être égaux (**).

Dans le cas où l'on vise des lampes suspendues, le géomètre donnera aux aides la hauteur à laquelle ils doivent placer leur flamme sitôt après la mise en station du théodolite. Au contraire, cette hauteur ne sera observée et inscrite qu'à la fin de l'opération pour le cas des mirettes.

La mesure des angles verticaux et horizontaux étant terminée, on possède les documents nécessaires à la construction du plan coté; mais si l'on juge préférable de faire une opération spéciale, ce qui est sans contredit plus exact, on omettra la mesure des angles verticaux, et l'on aura recours au niveau à bulle d'air que nous décrirons au chapitre suivant.

(*) L'opérateur n'a nullement besoin de se déplacer pour effectuer cette double lecture. La vis de pression inférieure étant desserrée, le cercle horizontal et le cercle vertical peuvent se mouvoir autour de l'axe de l'instrument sans que rien soit dérangé.

(**) L'addition des 4 angles horizontaux doit égaler 720°, c'est-à-dire deux fois 360. L'excédant ou la différence sera répartie sur les 4 angles.

CHAPITRE IV.

NIVEAU A BULLE D'AIR.

Théorie du nivellement. — Niveau d'Egault. — Description sommaire de l'instrument et de ses accessoires. — Vérification de l'instrument. — Détails de l'opération.

On appelle nivellement l'opération qui consiste à déterminer les distances verticales de divers points au-dessus ou au-dessous d'un plan horizontal de comparaison, qui est généralement le niveau de la mer.

On parvient à connaître la distance verticale entre deux points consécutifs, et par suite entre une série de points quelconques, de deux manières : ou bien en chaînant l'hypoténuse ou l'horizontale du triangle rectangle formé par la différence de niveau cherchée et la distance horizontale qui sépare les deux points, et mesurant un angle aigu de ce triangle (c'est ce procédé que nous avons décrit aux chapitres Boussole suspendue, Boussole carrée et Théodolite) ; ou bien en déterminant un plan horizontal et mesurant la partie de la verticale comprise entre ce plan et les points voulus. C'est ce dernier procédé que l'on emploie avec les niveaux à bulle d'air.

Ces instruments ont donc pour but d'établir en un point convenable un plan horizontal et de lire sur une règle graduée la distance verticale comprise entre le sol et ce plan, ce qui exige que le rayon visuel qu'on dirige sur cette règle soit parallèle à ce plan horizontal ou soit contenu par le plan lui-même.

Tous les niveaux à bulle d'air doivent donc être munis d'organes propres à déterminer d'une manière rigoureuse un plan horizontal, et d'une lunette disposée de manière à avoir son axe optique constamment parallèle à ce plan (nous verrons plus loin qu'avec deux visées cette dernière condition n'est pas essentielle).

Plusieurs genres de niveaux, reposant sur le même principe, sont employés pour les opérations extérieures; les principaux sont le niveau d'Égault et le niveau Lenoir. Comme ce dernier présente, dans la mine, des inconvénients qui ne sont pas compensés par les avantages qu'il offre sur le niveau d'Égault, et comme celui-ci réunit les conditions que l'on doit rechercher dans tout instrument : simplicité et précision, ce sera le seul que nous décrirons, nous contentant de renvoyer pour de plus amples détails sur le nivellement aux nombreux traités qui y ont rapport, et surtout à ceux de M. Bourdaloüe.

Niveau d'Égault. — Il se compose d'un plateau parfaitement dressé (HH, fig. 8, 9, 10, pl. III) sur lequel peuvent se mouvoir le niveau NN et la lunette LL faisant corps ensemble. L'axe de la lunette passe par le centre de ce plateau; le niveau est parallèle à cet axe.

Au centre du plateau est fixé le corps AB de l'instrument, portant sur trois branches trois vis calantes pareilles à celles du théodolite CCC, permettant d'obtenir l'horizontalité du plateau. C'est cette partie de l'instrument qui reçoit le pivot *aa* auquel sont fixés le niveau et la lunette, pouvant tourner librement autour de l'axe principal et suivant le plateau. Deux fourches *ff*, disposées sur le bâti de cette dernière partie de l'instrument, reçoivent la lunette par deux points que l'on nomme *collets*. Une de ces fourches est munie d'une vis destinée à l'élever ou à l'abaisser (fig. 9).

Le niveau, fixé sur le même bâti parallèlement à la lunette, est muni à une extrémité d'une vis v' permettant d'élever ou d'abaisser cette extrémité pendant que la deuxième pivote autour d'un point.

La lunette doit être munie d'une crémaillère x et d'une ou plusieurs vis t permettant de régler le réticule.

Un ressort à pompe fixe le niveau au trépied.

Théorie du niveau à bulle d'air. — Soit un tube fermé contenant un liquide quelconque en présence d'une bulle d'air. La surface du liquide est nécessairement horizontale pour toutes les positions du tube; celui-ci étant légèrement et régulièrement courbé, et placé de manière que la convexité de la courbure soit tournée vers le haut, la surface du liquide est encore horizontale et le plan tangent à la courbure intérieure, correspondant au milieu de l'espace occupé par l'air, est parallèle à la surface du liquide pour toutes les positions du tube, sauf celle où celui-ci est incliné de façon que l'air se loge à son extrémité supérieure.

De plus, si l'on place ses deux extrémités sur un plan horizontal XY, fig. 12, la bulle s'établit au milieu; le plan tangent xy passe alors par le point le plus élevé du tube, et c'est de ce point que part la graduation, en laissant, toutefois, un espace que la bulle remplit presque toujours lorsque le tube est horizontal.

En amenant la bulle entre ses repères, on détermine donc un plan horizontal passant par les extrémités du tube et parallèle au plan tangent au sommet intérieur du même tube. Si à ce moment l'axe optique de la lunette est parallèle au premier plan, le rayon visuel sera horizontal, condition essentielle pour le nivellement.

Fig. 12.

Vérification de l'instrument. Réglage du niveau. — Après avoir fixé le niveau au trépied au moyen du ressort à boudin, et l'instrument étant établi à peu près horizontalement, on place le niveau parallèle à deux vis calantes. En agissant sur celles-ci et inversement, on fait arriver la bulle entre ses repères. On retourne de 180°, si la bulle ne prend pas la position qu'on lui a donnée, on corrige moitié de la différence avec la vis régulatrice du niveau et moitié avec une vis calante. Répéter cette opération jusqu'à ce que la bulle soit bonne. On place ensuite le niveau parallèlement à la troisième vis et l'on vérifie la bulle dans cette position en la faisant arriver entre ses repères au moyen de cette vis, et retournant de 180°. Par ce moyen, on cherche d'abord à placer les extrémités du tube sur un plan parallèle au plateau de l'instrument, ensuite à disposer ce plan horizontalement en faisant arriver la bulle entre ses repères.

Vérification de l'égalité des collets de la lunette. — Cette opération n'a besoin d'être faite que pour les instruments neufs ou pour ceux dont l'usure laisse douter de l'exactitude des collets. Elle consiste à placer sur ceux-ci un niveau et faire arriver la bulle entre ses repères, à retourner la lunette de 180° autour de son axe optique, remettre le niveau, et, si la bulle n'occupe pas la même position, enlever la faible quantité de matière que l'un des collets a en plus au moyen d'un papier émeri très-fin imbibé d'huile.

Centrage de la lunette. — L'instrument établi horizontalement, viser un point à une certaine distance, faire tourner la lunette autour de son axe optique de 180°; si l'image du point précédemment visé ne tombe pas au croisement des fils, ramener ceux-ci en les déplaçant de la demi-différence avec la vis placée pour cela sur l'extérieur du tube de la lunette; viser un deuxième point, et répéter les opérations précédentes jusqu'à ce que l'image du point visé coïncide exactement avec le réticule pour toutes les positions de la lunette autour de son axe optique.

Parallélisme de l'axe optique et du niveau. — L'instrument horizontal, et la mire disposée en un point assez éloigné, (100 mètres environ), lire la cote accusée. Retourner la lunette bout pour bout, sans que l'axe optique tourne sur lui-même, et faire décrire à l'instrument une demi-révolution; lire dans cette position la cote accusée : si elle diffère de la première, on fait arriver le réticule à la cote moyenne avec la vis qui abaisse ou élève une des fourches. Répéter cette opération jusqu'à ce que le réticule accuse la même cote par le retournement.

Détails de l'opération avec le niveau d'Égault. — Le personnel se compose du premier aide, qui éclaire le géomètre, du deuxième et du troisième aide, munis chacun d'une mire parlante et de trois lampes dont une pour le fil à plomb et deux pour la mire.

Ces mires se composent de règles en bois d'environ $1^m.50$ de hauteur, $0^m.12$ de largeur et $0^m.02$ d'épaisseur (fig. 1-3, pl. III) graduées comme celles du jour. Pour éviter que l'aide maintienne les lampes destinées à éclairer les divisions, un support glissant dans deux rainures longitudinales, ménagées sur les côtés, reçoit les deux lampes fixées à deux brides placées de manière que la face antérieure de la mire soit parfaitement dégagée. Sur l'autre face est une vis de pression permettant de fixer le support, et par suite, les lampes à une hauteur convenable afin que les divisions à lire soient éclairées (fig. 2, pl. III).

Un des aides se place au point de départ, l'autre au point 1, si l'on nivelle les points levés au théodolite, ou sur un point très-aigu (ordinairement le rail d'un chemin de fer), si l'on fait un nivellement particulier.

L'opérateur établit son instrument environ au milieu des deux mires (il faut pourtant que la distance soit telle que, l'oculaire de la lunette arrivé au bout de sa course, l'image de la mire soit encore bien distincte). Le géomètre faisant face à la mire arrière place une des branches du trépied dans le plan vertical contenant celle-ci et le centre de l'instrument, et les deux autres d'une manière convenable pour l'établissement du plateau à peu près horizontalement. Ensuite, il dispose le niveau parallèle à deux vis de calage, et fait arriver, au moyen de ces vis, la bulle entre ses repères. Retournant de 90°, il fait arriver dans cette position au moyen de la 3e vis, la bulle au point voulu. Ces opérations sont répétées jusqu'à ce qu'elle reste entre ses repères pour toutes les positions que le niveau est susceptible d'occuper autour de l'axe vertical.

Dirigeant la lunette vers la mire arrière, l'opérateur indique, après quelques tâtonnements, quelle est la division (décimètres) que l'aide doit éclairer en faisant monter ou descendre le support des lampes. L'aide fixe au point indiqué et ne s'occupe, dès lors, que du fil à plomb éclairé par une lampe posée à terre. Le géomètre, après avoir fait arriver au moyen de la crémaillère l'oculaire à la position qui lui convient pour que l'image de la mire soit bien visible, procède à la lecture de la cote accusée par le fil horizontal. Cette cote, appréciée à 3 décimales, doit être observée par tranches de deux chiffres. Les deux premiers sont donnés directement par la chiffraison de la mire: ce sont les chiffres peints en noir contenus dans le rectangle, ayant $0^{m}.10$ de hauteur sur $0^{m}.12$ de largeur, où se projette le fil horizontal de la lunette. Le premier chiffre de la 2e tranche s'obtient en comptant à partir du haut les doubles centimètres, les centimètres et les demi-centimètres interceptés par le fil horizontal. Le deuxième est apprécié par l'opérateur.

Dans la figure 12, la cote accusée par le fil est égale à 0m,783 qu'on lit 07.83.

Fig. 12.

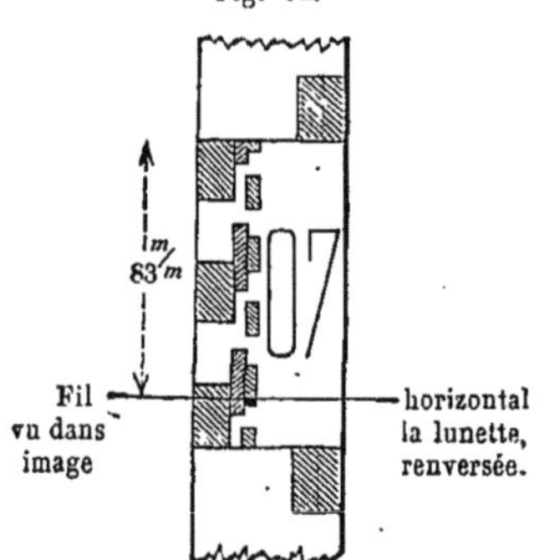

Cette cote lue et inscrite, on retourne la lunette bout pour bout sans que l'axe optique tourne sur lui-même, on fait décrire au niveau une demi révolution, et on observe la cote accusée par le fil horizontal, après avoir jeté un coup d'œil sur la bulle. Cette cote sera la même que la précédente, si le parallélisme du plateau et de l'axe optique est exact, mais la plupart du temps il existe une faible différence. On inscrira donc cette cote telle qu'elle est lue, et la moyenne des deux observations donne la cote du point arrière, c'est-à-dire la distance verticale de ce point au plan horizontal contenant l'axe de la lunette.

Répéter, pour le point avant, la même série d'opérations qu'on a faites pour le point arrière; la moyenne des cotes lues donne la cote de ce point, c'est-à-dire la distance verticale de ce point au plan horizontal précédent. On conçoit, dès lors, que la différence des cotes des points arrière et avant égale la hauteur verticale qui sépare ces deux points. Cette hauteur est en plus si la cote du point avant est inférieure à celle du point arrière, en moins si le contraire a lieu. Deux cotes de même valeur indiquent que les points sont au même niveau.

Les cotes avant et arrière lues et notées, l'opérateur prévient les aides. La mire arrière devient mire avant du deuxième coup de niveau, pour cela, l'aide se transporte au point voulu; la mire avant devient mire arrière par le retournement de celle-ci au point où elle stationne.

L'opérateur installe son niveau à peu près au milieu des deux mires, en suivant les prescriptions voulues, et ainsi de suite.

S'il arrive que, pendant un coup de niveau, la bulle ait varié par une cause quelconque, ou qu'on n'ait pas mis le plateau suffisamment bien horizontal, l'opérateur lira huit cotes, quatre sur chaque mire; la première, telle que le niveau se trouve, la deuxième après avoir fait arriver la bulle entre ses repères, la troisième, après le retournement de la lunette, telle que la bulle se trouve, et la quatrième après avoir fait arriver la bulle entre ses repères. La moyenne des cotes lues sur une mire donne la cote du point où elle stationne.

Il est essentiel que les mires soient rigoureusement verticales pendant la lecture des cotes. Aussi, on ne saurait trop recommander aux aides que cette condition soit constamment remplie.

Jusqu'ici nous n'avons parlé que des nivellements au moyen des mires parlantes, parce que ce sont, généralement, celles que l'on emploie. Si l'on est obligé pourtant de se servir de mires à coulisses (fig. 4, 5, 6, pl. III), l'aide ayant posé la pédale au point voulu, tiendra la mire dans une position bien verticale, et un deuxième aide éclairera le voyant. Si la cote est inférieure à la hauteur de la mire, l'aide, avant de faire glisser le voyant, fixera la coulisse au moyen de la vis postérieure destinée à cela, desserrera la vis du voyant et le fera glisser en haut ou en bas, suivant la demande de l'opérateur. Il fixe le voyant au signal de celui-ci et remet la mire au même point. L'opérateur ne doit laisser lire la cote que lorsque, après vérification, le réticule tombe exactement sur le bouton en cuivre du voyant.

L'aide lit la cote et l'énonce à haute voix, replace la mire et attend le retournement de la lunette; il lit la nouvelle cote et la donne au géomètre, qui inscrit la moyenne à sa colonne respective.

Même série d'opérations pour le point avant.

Lorsque la cote est supérieure à la hauteur de la mire, l'aide fait arriver et assujettit le voyant contre l'arrêt de la partie supérieure, desserre la vis de la coulisse, et attend que l'opérateur indique ce qu'il a à faire. Il fixe, fait vérifier, et lit sur la règle latérale les cotes indiquées comme précédemment.

Devant se fier aux aides avec de pareils instruments, la plupart des opérateurs, pour ne pas dire tous, préfèrent employer les mires parlantes.

On emploie avec avantage une mire dont les divisions sont doubles de leur valeur nominale. Ainsi les centimètres sont représentés par des doubles centimètres, les doubles centimètres par des divisions de 4 centimètres, et les décimètres par 20 centimètres. De cette combinaison il résulte que les cotes lues sur la mire sont deux fois plus petites que les cotes réelles, et qu'on observe avec beaucoup plus de précision les cotes de chaque point, opérant sur des quantités doubles.

Fig. 14.

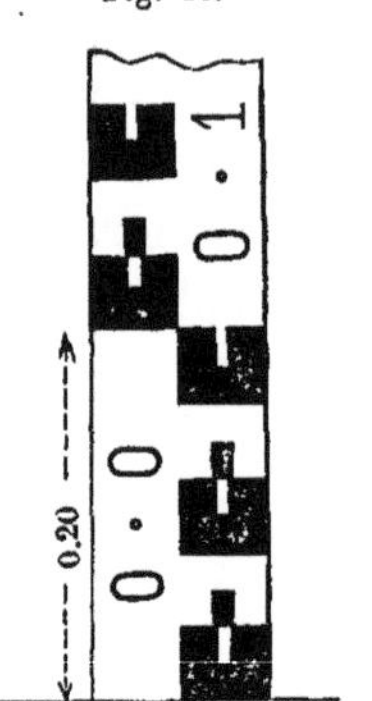

De plus, si l'on se reporte à ce que nous avons dit page 44 pour obtenir la cote d'un point, on voit que la moyenne arithmétique des cotes lues avant et après le retournement de la lunette, n'est autre que l'addition de ces cotes. Ainsi, soit

06.84 la première cote lue,

et 06.87 la deuxième cote lue.

La moyenne arithmétique, d'après ce que nous avons dit page 44, donnant la cote du point, on posera

$$\frac{06.84 + 06.87}{2} = x.$$

Mais le résultat ainsi obtenu est moitié de la cote voulue puisque ces valeurs ont été prises sur des divisions doubles. Il faudra donc, pour revenir à la valeur réelle, multiplier par 2 ce résultat.

$$x = \frac{06.84 + 06.87}{2} \times 2 = 06.84 + 06.87.$$

Il suffit donc, comme on voit, de faire simplement l'addition des cotes observées sur la mire. Ce procédé exige, toutefois, le retournement de la lunette bout pour bout.

CHAPITRE V.

PANTOMÈTRE BLANCHET.

Description sommaire de l'instrument et de ses accessoires. — Lampe Santi. — Vérification de l'instrument. — Détails de l'opération.

Nous avons vu que pour lever les voies principales au moyen du théodolite et recueillir les données nécessaires à la construction du plan coté, on est obligé (car on ne se sert jamais du limbe vertical pour faire le nivellement) de procéder à diverses opérations qui exigent un temps d'autant plus long que le réseau à lever est éloigné du bureau, ne disposant pas toujours d'un nombre d'aides suffisant pour le transport des instruments. Disons même que, disposerait-on d'un personnel nombreux, il serait presque impossible de l'employer.

Voulant éviter toutes ces reprises, M. Blanchet est parvenu à réunir en un seul les instruments que nous avons classés dans la première catégorie, c'est-à-dire, propres aux levers des voies principales. Cet appareil, auquel il a donné le nom de *pantomètre*, peut servir tour à tour et simultanément de théodolite, de niveau d'Egault et de boussole carrée, et présente sur chacun de ces instruments des avantages que nous signalerons plus loin.

Il se compose, comme le théodolite, de trois parties principales, munies des mêmes accessoires et de plus d'une lunette posée par ses collets dans deux fourches fixées sur la règle, qui consiste en un disque plein se mouvant sur le limbe horizontal. Cette disposition de la règle a l'avantage d'éviter que l'eau qui coule du toit des galeries ne tombe sur des parties de l'instrument difficiles à nettoyer.

Un déclinatoire disposé sur la même partie permet d'orienter ses bases ou une ligne quelconque au degré d'approximation de l'instrument.

La lunette, montée sur deux supports assez élevés pour qu'elle décrive un cercle complet, est munie à volonté d'un arc de cercle permettant de lire un angle d'inclinaison variant de zéro à 60 degrés (limite pratique des angles verticaux qu'on ait à observer).

Le niveau à bulle d'air est placé, ainsi que ce cercle vertical, du même côté que le déclinatoire.

Chacun de ses organes porte ses moyens de rectification ainsi que des pinces d'arrêt et des vis de rappel, nécessaires pour faire coïncider exactement le croisement des fils avec le point voulu.

La disposition optique des lunettes est telle qu'elle permet de viser à $0^{m}.80$ de l'objectif et à plus de 2,000 mètres (pour viser à de faibles distances on fait jouer la coulisse qui éloigne l'objectif de l'oculaire). Elles sont munies de stadias réglées de 1 à 100 disposées verticalement pour la lunette servant de niveau, et horizontalement pour la lunette centrale.

Nous avons dit que la lunette centrale était munie d'un arc de cercle permettant de lire les angles verticaux depuis 0° jusqu'à 60°. Comme il est excessivement rare qu'on ait à observer des angles verticaux, il devenait inutile que cet arc de cercle suive tous les mouvements de la lunette, aussi est-il disposé sur l'arbre de celle-ci de façon à n'y être fixé que lorsqu'on en a besoin.

Les limbes sont taillés en chanfrein pour faciliter la lecture.

Le pantomètre est muni d'un chariot auquel on peut le fixer au moyen d'un ressort à boudin, dont la poignée porte dans l'axe vertical de l'instrument un petit crochet pour la suspension du fil à plomb.

L'accessoire indispensable, quand on fait le nivellement, est une mire parlante, graduée pareillement à celle décrite au chapitre précédent, qu'on suspend au clou au moyen d'une mouflette; l'extrémité arrondie au lieu de reposer sur le sol affleure le point du mur ou le rail; la mire étant alors soumise aux lois de la pesanteur prend, d'elle-même, une position rigoureusement verticale.

Enfin, et pour compléter la description de cet ingénieux appareil, il nous reste à parler d'un système d'éclairage imaginé par M. Santi, opticien-constructeur à Marseille, qui a contribué pour sa part à la réalisation de l'idée de M. Blanchet.

Il est complétement inutile que nous fassions l'éloge d'un pareil éclairage, convaincu que tous les opérateurs qui en auront connaissance n'hésiteront pas à l'appliquer. Qu'il nous suffise de dire qu'avec une pareille lampe l'opérateur se trouve complétement seul autour de l'instrument, et qu'il n'a plus, par suite qu'à surveiller ses mouvements pour éviter de déranger l'appareil.

Ajoutons que l'intensité de la lumière est de beaucoup supérieure à celle des lampes ordinaires.

La lampe Santi consiste en une lanterne portée par un support fixé sur la partie moyenne de l'instrument. Elle est enveloppée d'une toile métallique percée d'une ouverture munie d'une loupe, seul point traversé par les rayons lumineux. Elle éclaire par un simple mouvement giratoire, combiné avec un mouvement rectiligne obtenu par un zigzag horizontal, soit le cercle vertical, soit le niveau, soit le déclinatoire.

On peut déjà, par ce que nous venons de dire du Pantomètre Blanchet, se faire une idée exacte des avantages qu'il présente sur les instruments que nous avons décrits ; néanmoins nous allons en faire connaître les principaux.

1° La disposition de la lunette permet de faire un mouvement de bascule complet, par suite, de viser dans des galeries inclinées à 60°, et de prolonger un alignement en arrière sans être obligé d'enlever la lunette de ses supports ou de faire décrire à la règle une demi-révolution. Les théodolites de la deuxième catégorie et les boussoles carrées excentriques remplissent cette condition.

2° La disposition optique de la lunette est telle qu'on peut viser à de faibles distances tout aussi bien qu'à de grandes ; le géomètre qui doit opérer dans une mine sinueuse comprendra mieux que personne l'importance de cet avantage.

3° Le déclinatoire permet d'orienter une ligne quelconque au degré d'approximation de l'instrument, avantage précieux dans les mines ne communiquant au jour ou entre elles que par des puits ou des galeries sinueuses.

4° L'appareil Santi éclaire sans le secours d'un aide.

5° L'instrument devient un niveau d'Egault par l'emploi de la lunette disposée sur le cercle horizontal et permet, par suite, de faire en une seule opération ce qu'on était obligé de faire en deux.

6° Enfin le cercle vertical, fixé convenablement à la lunette centrale, permet d'observer des angles verticaux depuis 0° à 60° et d'effectuer par une opération bien simple et d'une manière exacte le chaînage des stations ne dépassant pas 20 mètres.

Avant de décrire la vérification de l'instrument et les détails de l'opération, nous donnerons la méthode employée pour chaîner les stations au moyen du cercle vertical : cette opération n'étant pratiquée que rarement et dans le cas où l'on a des lignes très-accidentées à mesurer.

Nous supposerons donc l'instrument réglé et le cercle vertical fixé à l'axe de la lunette centrale, de manière que lorsque la ligne de visée de cette lunette est horizontale le 0 du cercle coïncide avec celui du vernier.

Après avoir établi le pantomètre au point qui détermine l'extrémité de la ligne à chaîner et la mire placée verticalement à l'autre extrémité, on vise la plus haute division de la mire et la plus basse, afin de se réserver une plus grande base possible. On lit dans ces deux positions les angles accusés par le vernier vertical, qu'on note positifs ou négatifs, suivant qu'ils sont à gauche ou à droite du 0 de ce vernier.

Les mires ayant généralement 1m.50, la base qu'on se ménage est de 1m.40 environ, différence entre les cotes lues.

Remarquons que dans le triangle quelconque AB'C (fig. 15), un côté est connu, c'est la différence des cotes lues sur la mire, et les trois angles; l'angle B' connu par la différence à 90° du premier angle H observé sur le limbe, l'angle C, par la différence à 90° de l'angle h, la somme H + h donne l'angle A.

Fig. 15.

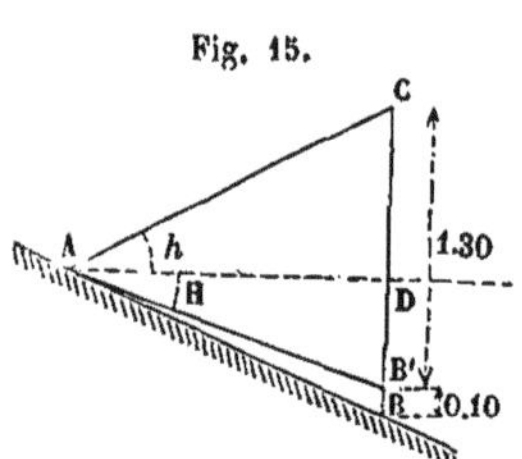

BC position de la mire.
1,30 différence des cotes lues 1,40—0,10 = 1,30.
h et H angles observés.
AD horizontale à calculer.
AB sol de la galerie.

Les trois angles et un côté étant connus dans le triangle AB'C, on déterminera les deux autres éléments, en posant :

$$AB' = \frac{B'C \sin C}{\sin A} \quad \text{et} \quad AC = \frac{B'C \sin B'}{\sin A}.$$

Considérant les triangles rectangles ADB ou ADC, on connaît dans chacun d'eux l'hypoténuse et un angle aigu; condition suffisante pour les résoudre et pour calculer, par suite, la valeur AD qui n'est autre chose que la distance horizontale cherchée. On posera pour le triangle rectangle AB'D :

$$AD = AB' \cos H = \frac{B'C \sin C \cos H.}{\sin A}$$

AD dans le triangle rectangle ADC donnera :

$$AD = AC \cos h = \frac{B'C \sin B' \cos h}{\sin A}.$$

Il est indifférent d'employer l'une ou l'autre de ces formules.

Pour connaître l'ordonnée verticale de chaque point levé, il faut considérer le triangle rectangle ADB' et la cote inférieure lue sur la mire, BB'. L'ordonnée est égale à $DB' + B'B$. La première partie de cette somme s'obtient en résolvant le rectangle ADB', où $DB' = AD \operatorname{tang} H$.

DB égale la différence des points A et B, fig. 15. Or comme dans la pratique le sommet de l'angle CAB se trouve à une hauteur plus ou moins grande au-dessus du sol, il est entendu que DB sera modifié en conséquence. Il faudra donc mesurer aussi exactement que possible la hauteur de l'axe de rotation de la lunette au-dessus du sol, et retrancher l'un de l'autre, DB et la hauteur mesurée.

Nous n'avons considéré jusqu'ici que le cas où C se trouve au-dessus de l'horizontale passant par le point A, et B au-dessous. Il est facile de voir que lorsque C sera au-dessous, ou que B sera au-dessus de la ligne AD, les mêmes formules resteront vraies. Dans le premier cas les deux angles H et h seront positifs, et, dans le deuxième, négatifs.

Vérification de l'instrument. — Le niveau à bulle d'air et l'axe optique de la lunette se règlent par les moyens connus.

On s'assure que la ligne 0—180 du déclinatoire est parallèle à l'axe de la lunette en faisant coïncider le 0 du vernier avec celui du limbe et, au moyen de la vis de rappel inférieure, en amenant la pointe Nord de l'aiguille à marquer 0 sur le déclinatoire. Cela fait, on desserre la vis du vernier, on fait mouvoir la partie supérieure de l'instrument et l'on fait coïncider le 0 du 2e vernier avec celui du limbe; on retourne l'aiguille du déclinatoire pour que la pointe Nord soit dans le même sens que précédemment. Si l'aiguille s'arrête au 0, le déclinatoire est réglé; dans le cas contraire, on corrige moitié de l'erreur avec la vis du déclinatoire, et moitié la vis de rappel inférieure.

On règle l'arc de cercle vertical en visant, avec la lunette du niveau, deux mires placées à une certaine distance l'une de l'autre (*).

On note la différence des cotes lues, et, après avoir fixé le cercle vertical à l'axe de la lunette centrale, l'on fait mouvoir celle-ci jusqu'à ce que les cotes accusées sur les deux mires diffèrent de la même quantité que précédemment. Alors les deux lignes de visée sont parallèles, et comme l'une d'elles est horizontale, il s'ensuit que la deuxième l'est aussi. Il faut donc, sans toucher la lunette centrale, faire arriver au moyen de la vis le 0 du vernier à coïncider avec celui du cercle vertical.

Fig. 16.

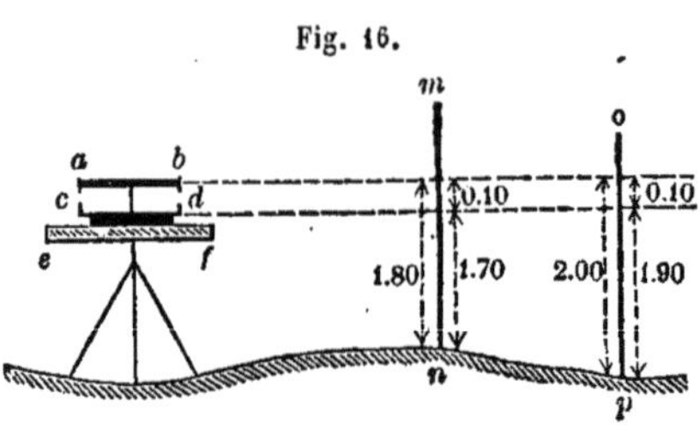

ab lunette centrale.
cd lunette du niveau.
ef limbe horizontal.
1,70 cote lue sur la mire *mn* avec la lunette du niveau.
1,90 cote lue sur la mire *op* avec la même lunette.
1,80 } cotes lues sur la mire *mn* et *op* avec la
2,00 } lunette centrale.

Cette opération qui n'a besoin d'être faite que rarement, permet de s'assurer d'un seul coup d'œil, par la connaissance de la distance verticale des axes optiques, si la lunette centrale n'a pas été dérangée, en observant sur une mire deux cotes, une avec chaque lunette. La différence de ces cotes doit être égale à la distance ci-dessus (**).

Détails de l'opération. — Les points devant déterminer le sommet des stations sont placés au mur et au toit comme nous avons dit au chapitre Théodolite, et les distances sont chaînées suivant les prescriptions que nous avons indiquées.

(*) La première mire à 50 mètres de l'instrument, et la seconde à 50 mètres plus loin.

(**) La distance verticale qui sépare les axes des lunettes est égale à la différence des cotes lues sur chaque mire avec les deux lunettes lorsque celles-ci sont horizontales. Ainsi, dans la figure ci dessus on a : cotes lues sur la 1re mire, 1,70 et 1,80; cotes lues sur la 2e mire, 1,90 et 2,00; la différence 0,10 égale la hauteur verticale qui sépare les lunettes.

Devant faire le nivellement en même temps que la mesure des angles horizontaux dans le travail courant et ordinaire, les aides seront munis chacun d'une mire et d'un fil à plomb blanchi, mirette ou lampe suspendue par une chaînette (nous avons dit qu'il était préférable de se servir des fils à plomb blanchis).

Après avoir placé l'instrument sur le trépied convenablement établi, de manière que les vis de calage se logent dans les rainures de la pièce supérieure du chariot, et ayant mis la lampe Santi en place, l'opérateur fait éloigner l'aide et procède à la mesure de l'angle et de son supplément, comme il a été au chapitre Théodolite, Mesure des angles. Cela fait, il prévient les aides qui enlèvent leur fil à plomb et placent leurs mires parlantes en les saisissant, à la partie supérieure, par un crochet d'une mouflette dont une des poulies est fixée par un deuxième crochet au point du toit. Le pied de la mire étant arrondi, on le fait affleurer au point du bas en agissant sur la mouflette. La mire, soumise aux lois de la pesanteur, se place rigoureusement verticale, et l'aide n'a besoin que d'éclairer à la main la division voulue.

Pendant ce temps, l'opérateur a jeté un coup d'œil à son niveau à bulle d'air qu'il rectifie si la bulle n'est pas bonne. Il observe sur les mires arrière et avant deux cotes, comme il a été dit au chapitre Niveau à bulle d'air, et leur différence donne la dénivellation montante ou descendante du point qui précède et de celui qui suit le point où stationne l'instrument.

L'opérateur se trouvant dans la nécessité d'orienter une base, fait placer à une distance convenable tout le fer qui se trouve à proximité de l'instrument. Après avoir fait coïncider le 0 du vernier avec celui du limbe, il amène, au moyen de la vis de rappel inférieure de l'instrument, la pointe Nord de l'aiguille à marquer 0 exactement. Dans cette position, la ligne de collimation de la lunette centrale est exactement parallèle au méridien magnétique. Desserrant la vis de pression supérieure, on fait tourner le vernier jusqu'à ce qu'on puisse viser un point quelconque de la base. L'angle lu n'est autre que la direction magnétique cherchée. Pendant ce temps, un observateur lira sur une boussole placée sur la méridienne tracée au jour les variations de l'aiguille, et les notera. Il est entendu que l'on prendra l'heure de l'observation, tant au jour que dans la mine.

Une opération qu'on ne devra pas oublier consiste à comparer préalablement la boussole et le déclinatoire en les posant sur la même ligne à un moment donné.

Nous n'avons parlé jusqu'ici que du pantomètre ayant le déclinatoire sur le côté : c'est le modèle primitif. Or, comme plusieurs défauts résultant de la construction de l'appareil ou des dimensions en largeur laissaient craindre que son usage fût limité, M. Santi n'a pas hésité un seul instant, aidé du concours de M. Blanchet, d'apporter toutes les modifications voulues pour en faire un instrument aussi parfait que possible; c'est dans ce but que fut construit : 1° le modèle n° 2 représenté par les fig. 1, 2 et 3, pl. IV, différant de celui que nous avons décrit, en ce que le déclinatoire est une boussole complète placée entre les supports de la lunette centrale; 2° le modèle-type, définitivement adopté, différant de ce dernier dans le cercle vertical, qui est ici complet, et dans la suppression du contre-poids opposé à la lunette-niveau.

Ajoutons pour terminer ce que nous avons dit sur ces appareils, que M. Santi, cet éminent constructeur opticien, vient de construire un pantomètre de petites dimensions appelé *passe-partout* destiné, nous osons le croire, à rendre des services importants pour lever les travaux secondaires, surtout dans les travaux où l'on a à craindre l'action des minerais de fer sur l'aiguille aimantée.

CHAPITRE VI.

CHARIOT TRIMOLLET.

Monsieur Trimollet, chef-géomètre aux mines de Lalle et usines de Bességes (Gard), a bien voulu nous communiquer le chariot à coordonnées polaires dont il est l'inventeur. Nous sommes heureux de pouvoir porter à la connaissance de nos lecteurs un instrument destiné à accélérer la mise en station et à éviter des retards qui, dans la plupart des cas, pèsent sur le travail intérieur et particulièrement sur le roulage dans les galeries affectées au transport. Nous ne doutons pas que cet avantage ne soit apprécié par la plupart des opérateurs et que, par suite, le chariot Trimollet devienne d'un usage fréquent. Cet instrument se recommande en outre par la simplicité de sa manœuvre et par la modicité de son prix, attendu qu'il peut être construit en bois. Il exige peu de réparations.

Nous rappellerons, afin de bien faire sentir l'utilité de ces appareils, ce que nous avons dit page 28 à l'occasion du chariot Blanchet, à coordonnées rectangulaires : qu'ils sont indispensables dans tous les levers de précision, soit pour faire coïncider exactement l'axe vertical de l'instrument avec la verticale passant par le sommet d'une station, soit pour la rapidité du travail.

Description du chariot Trimollet. — Ce chariot se compose de trois pièces principales, Pl. V, Fig. 1, 2, 3.

1° A. Plaque fixe de la base. C'est par cette plaque que le chariot se fixe sur le trépied ordinaire.

2° B. Plaque fixe intermédiaire portant la plaque C.

3° C. Plaque mobile supérieure recevant l'instrument.

Plaque fixe de la base. — Cette plaque, évidée, porte à sa partie inférieure trois patins p, p', p'', par lesquels le chariot est fixé aux pieds, supports ordinaires des instruments de géodésie, de triangulation et d'optique, que nous avons décrit page 28. Une partie des patins fait corps avec la plaque de base A. Le dessous a, a', a'', qui reçoit les pieds, peut être en bois ou en métal. Ces parties a, a', a'', sont percées d'un trou b, b', b'', dans lequel passe le boulon qui assujettit un des patins à une branche du trépied. Quatre vis c, c', c'', c''', fixent la pièce A aux patins.

Pour donner plus de résistance à la partie de la pièce A reliée aux patins, on la munit d'une nervure dressée au niveau supérieur de la plaque de la base A, afin que la pièce B ne porte pas à faux dans les positions extrêmes qu'elle est susceptible de prendre autour de l'axe de rotation f.

La nervure e du patin p'' se trouve ménagée dans le patin même.

La plaque de base A porte un axe f autour duquel peut tourner la pièce moyenne B. A l'opposé de l'axe de rotation la plaque fixe A est munie d'un rebord parcouru par une pince d'arrêt h permettant de fixer la pièce B à la plaque A.

Plaque mobile intermédiaire. — Cette plaque de forme allongée porte à une extrémité de son plus grand diamètre le boulon f reliant la plaque B à la plaque fixe A. Cet axe est muni d'un écrou et d'une rondelle cintrée i, qui, par son élasticité, permet d'obtenir un serrage convenable.

A l'une des extrémités du petit diamètre de la pièce B est une partie saillante n destinée à recevoir le boulon o servant d'axe de rotation à la partie mobile C.

A l'autre extrémité du petit diamètre, la plaque B est taillée en arc de cercle de manière à permettre l'emploi d'une deuxième pince d'arrêt q fixant la pièce supérieure C à la pièce B.

Pièce mobile supérieure. — La forme générale de cette plaque est circulaire. L'instrument repose par ses trois vis calantes sur cette plaque munie de trois rainures triangulaires y, y', y''.

A l'extrémité d'un diamètre perpendiculaire au grand diamètre de la pièce B est ménagé un boulon faisant fonction d'axe de rotation et réunissant les deux pièces B et C. Cette dernière porte la vis de pression q permettant d'obtenir la fixation de la plaque C à la plaque B.

Les rainures y, y', y'', sont fixées à la pièce C par quatre vis. L'axe de chaque rainure doit passer par le centre Z. Ces axes doivent faire entre eux des angles de 120°.

L'ouverture Z ménagée sur la pièce C est destinée à livrer passage au fil à plomb, soit qu'on opère sur des clous fixés au toit de la galerie, soit qu'on opère sur des points disposés au sol.

Il livre passage aussi, soit au ressort à pompe fixant l'instrument au trépied, soit au mandrin sur lequel viennent s'emmancher les instruments à douille.

Manière de se servir du chariot. — Supposons qu'on veuille stationner au point Q pris dans le périmètre que peuvent parcourir les plaques mobiles B et C. L'instrument étant monté sur les trois branches du pied et les boulons b, b', b'', non serrés, l'opérateur dispose la pièce supérieure horizontalement ou à peu près, au moyen d'un petit niveau à bulle d'air mobile ou fixé sur cette pièce. Quand cette condition est remplie l'opérateur serre les boulons b, b'. b''. Ensuite, en agissant sur les plaques B et C et en ayant l'œil sur le fil à plomb, il fait arriver la pointe du plomb aussi près que possible du point Q. On dispose l'instrument sur le plateau supérieur et l'on accroche le fil à plomb sur le prolongement de l'axe principal de l'instrument; en agissant sur les plaques B et C on fait coïncider exactement cet axe avec le point Q. On établit l'instrument horizontalement au moyen des vis de calage et l'on vérifie si l'axe principal, qui est devenu vertical, passe par le point Q; on rectifie s'il y a lieu au moyen des plaques B et C, et l'on fixe les pinces h et q.

Nous croyons que, pour les levers qui demandent beaucoup plus de précision que la plupart des opérations ordinaires, il serait bon d'ajouter aux pinces h et q deux vis de rappel, qui permettent d'imprimer aux plaques B et C des mouvements aussi lents que possible et d'éviter tout tâtonnement.

Il arrive quelquefois dans certaines parties de la mine qu'il est impossible d'établir le trépied. Dans ce cas, on dispose le chariot sur le point même par les patins p, p', p''; la stabilité est suffisante si l'on a le soin de le caler convenablement.

Le chariot peut être construit en bois et en métal ou alliage de métaux, suivant les usages spéciaux auxquels on le destine. Celui représenté par les fig. 1, 2, 3, pl. V, a été construit en bronze avec dimensions en rapport avec les instruments des mines de Lalle. Toutefois, nous ferons remarquer que les rainures y, y', y'', permettent d'employer des instruments de grandeur différente dans des limites assez étendues.

DEUXIÈME PARTIE.

CHAPITRE VII.

RAPPORT SUR LE PAPIER. — MÉTHODE ORDINAIRE OU GRAPHIQUE.

Nous avons décrit dans les chapitres précédents les différentes opérations qui ont pour but de recueillir les données propres à la construction du plan. Mais là ne se bornent pas les connaissances du géomètre, il faut encore connaître et appliquer à chaque instrument employé la méthode qui lui convient pour le dessin de la carte ; car il ne suffit pas, pour représenter un terrain quelconque, de déterminer exactement les divers points les uns par rapport aux autres (*), il faut, de plus, placer ces points sur le papier, de manière qu'ils soient convenablement orientés.

Il est clair, d'après cela, qu'à chaque instrument doit correspondre une méthode appropriée à son degré d'exactitude.

Les chapitres qui vont suivre auront pour but de décrire les diverses méthodes employées, dont l'ensemble se réduit à deux qu'on désigne sous le nom de méthode ordinaire ou graphique, et méthode des trois plans coordonnés ou numérique.

Elles correspondent aux deux principes suivants :

Principe I. — Un point dans l'espace est parfaitement déterminé par rapport à un autre point pris pour origine, lorsqu'on connaît la direction vraie de la ligne qui joint ces deux points, leur différence de niveau et la longueur horizontale de cette ligne.

(*) Les principes I et II énoncés plus loin définissent les conditions nécessaires et suffisantes pour la détermination d'un point par rapport à un autre.

Principe II. — Un point dans l'espace est parfaitement déterminé par rapport à un autre point pris pour origine, lorsqu'on connaît la valeur des perpendiculaires aboutissant de ce point à trois plans se coupant à angles droits au point origine (nous prendrons ces plans l'un horizontal, l'autre dirigé suivant la ligne N.S., et le troisième, E.O.).

Nous avons vu qu'un plan est une figure semblable à celle du terrain projetée sur un plan horizontal, et qu'il était nécessaire, pour construire cette figure, de connaître les angles horizontaux formés par les diverses lignes qui la composent et la valeur horizontale de chaque ligne. Nous devons donc trouver dans l'opération que nous avons décrite pour chaque instrument, de quoi satisfaire à ces deux conditions.

Et d'abord les angles horizontaux sont donnés directement par le théodolite et le pantomètre. Des directions observées avec la boussole suspendue ou carrée, nous déduirons la valeur de ces angles.

La boussole suspendue et la boussole carrée (cas où la galerie n'est pas ferrée) font connaître les angles que chaque ligne du réseau levé fait avec un plan vertical fixe : la direction de l'aiguille aimantée (*), qu'on peut admettre parallèle pour tous les points qu'elle est susceptible d'occuper pendant cette opération. Si l'on connaît l'angle de chaque ligne avec une ligne fixe, deux lignes consécutives feront entre elles un angle égal à la direction de la 1re ou de la 2e, augmenté de 180° et diminué de la direction de la 2e ou 1re ligne, suivant que la boussole est graduée de gauche à droite ou inversement, et suivant qu'on voudra calculer l'angle de gauche ou de droite de ces lignes (**).

Les figures ci-contre rendent sensible ce que nous venons de dire. Soit pour ces figures, a la direction de la première ligne, b la direction la deuxième, x l'angle cherché.

(*) Nous appelons ce plan de l'aiguille aimanté *plan fixe*, car nous supposons que l'on transforme de suite les directions magnétiques en vraies.

(**) Une boussole est notée directement lorsque sa graduation va de gauche à droite, suivant le sens des montres, inversement, lorsqu'elle est graduée de droite à gauche. La notation inverse est celle qui convient aux boussoles, parce qu'elle donne la direction réelle de chaque ligne et non son supplément à 360°, l'alidade étant fixe et le cercle mobile.

Les flèches indiquent la direction de l'aiguille aimantée.

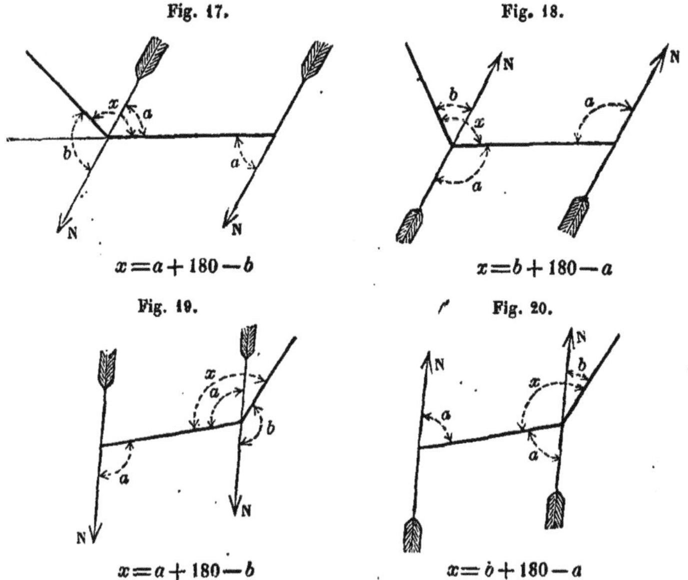

On aura

Fig. 17 et 19 $\qquad x = a + 180 - b, \qquad (1)$

Fig. 18 et 20 $\qquad x = b + 180 - a. \qquad (2)$

La boussole carrée, cas où la galerie est ferrée, nous donne, par les mêmes calculs, l'angle formé par deux lignes consécutives, car l'action du fer est constante pour les deux observations, et l'erreur produite sur la direction a étant la même sur la direction b, la valeur de x ne change pas.

Soit n l'angle de déviation de l'aiguille produit par l'action du fer, les formules précédentes deviennent

$$x = a \pm n + 180 - b \mp n,$$
$$x = b \mp n + 180 - a \pm n,$$

ou simplement $\qquad x = a + 180 - b,$

et $\qquad x = b + 180 - a.$

Enfin les distances horizontales sont données directement par la chaîne dans les levers au moyen du théodolite, pantomètre et boussole carrée (cas où la pente de la galerie est faible), et par un calcul bien simple dans les levers au moyen de la boussole suspendue.

En effet, dans ces levers, on mesure la longueur du cordeau tendu d'un point à un autre et l'angle que ce cordeau fait avec l'horizontale. D'après ces données, on construira un triangle rectangle dont l'horizontale sera un des côtés de l'angle droit et la verticale l'autre, et dont l'hypoténuse sera représentée par la longueur du cordeau. Dans ce triangle, connaissant l'hypoténuse et un angle aigu, on posera (fig. 21)

Fig. 21.

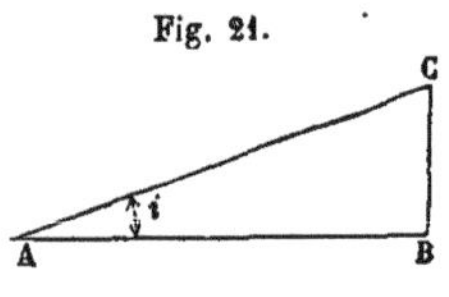

i angle d'inclinaison.
AC cordeau.
AB horizontale.
CB verticale.

$$AB = AC \cos i,$$
$$BC = AC \sin i.$$

AB = l'horizontale cherchée, et BC la différence de niveau d'une extrémité du cordeau à l'autre, différence qui est positive ou négative, suivant que l'inclinaison est montante ou descendante.

i est l'angle d'inclinaison accusé par le fil à plomb du demi-cercle, car l'angle *abc* = ABC (fig. 22) comme ayant les côtés perpendiculaires chacun à chacun. Cet angle est obtenu en prenant la moyenne arithmétique des angles observés aux deux extrémités d'une même station.

Fig. 22.

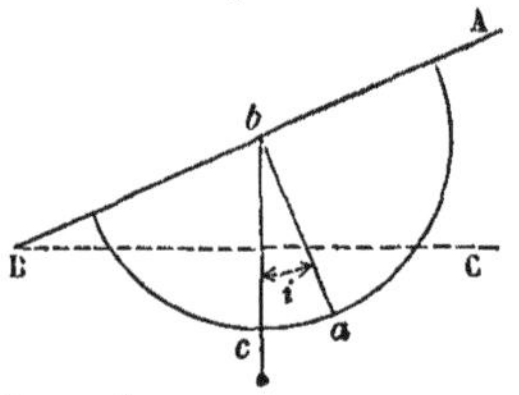

AB cordeau.
i angle d'inclinaison.
ABC = *i*.

Cette opération ne donne pas l'inclinaison réelle de la station BC; l'angle est d'autant plus erroné que le cordeau est peu tendu; voilà pourquoi, au chapitre Boussole suspendue, nous avons dit que le deuxième angle d'inclinaison observé ne devait pas différer du premier de 2° pour une station de 20 mètres.

Fig. 23.

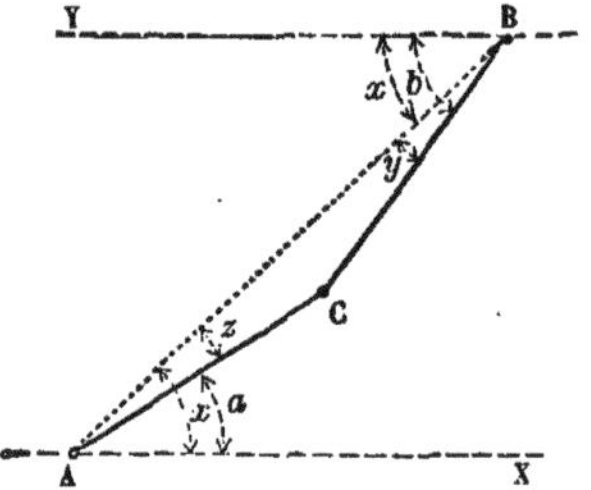

La figure 23 montre l'erreur commise.

En effet, soit ACB le cordeau tendu du point A au point B, et AB la ligne droite dont on veut déterminer l'inclinaison, AC et CB les éléments de la courbe décrite par le cordeau.

AX l'horizontale au point A, BY l'horizontale au point B.

CAX et CBY représentent les angles observés au demi-cercle que nous appellerons respectivement a et b. BAX = ABY = x, inclinaison de la ligne AB.

Nous désignerons les angles CAB, CBA, par z et y.

Au point A on a

$$x = a + z;$$

au point B,

$$x = b - y.$$

Additionnant membre à membre, on a

$$2x = a + b + z - y,$$

d'où

$$x = \frac{a+b}{2} + \frac{z-y}{2}.$$

Si l'on considère la première partie du second membre de cette équation, on voit que $\frac{a+b}{2}$ représente la moyenne arithmétique des angles d'inclinaison observés, et que $\frac{z-y}{2}$ représente l'erreur négligée, erreur d'autant plus faible que la ligne ACB se rapproche de la vraie.

Si les inclinaisons observées étaient en sens inverse l'une de l'autre, il faudrait, pour avoir l'inclinaison moyenne, retrancher le plus petit angle observé du plus grand, prendre la moitié de cette différence, et considérer le résultat comme l'inclinaison moyenne ayant le signe du plus grand angle observé.

Ainsi la première inclinaison observée étant égale à $-2°$, et la deuxième à $+4$, en appliquant la formule

$$\frac{a+b}{2} = x,$$

il vient $\frac{-2+4}{2} = 1°$, avec le signe $+$.

Lorsque les deux points sont au même niveau (fig. 24), les quatre angles a, b, z, y, se confondent deux à deux, a avec z et b avec y, et de plus $a = b$. Le premier de ces deux angles est négatif, et le deuxième positif; l'inclinaison générale est donc zéro.

Fig. 24.

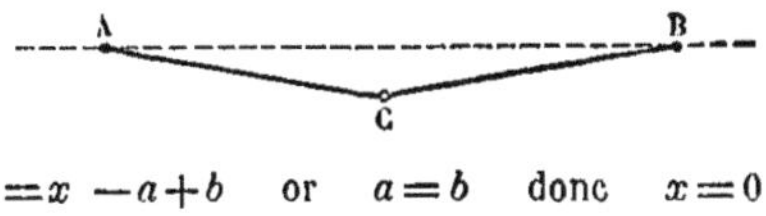

A B C

$=x \quad -a+b \quad$ or $\quad a=b \quad$ donc $\quad x=0$

Connaissant ainsi l'horizontale des diverses lignes d'opération et les angles horizontaux, au moyen d'un rapporteur en corne ou de tout autre instrument propre à la reproduction des angles sur le papier, on peut dès lors construire une figure semblable à celle du terrain.

Pour cela, après avoir déterminé une ligne droite de manière que le réseau levé puisse être contenu par la feuille, une portion de cette ligne étant l'homologue d'un côté de la figure levée (généralement c'est la première distance chaînée horizontalement ou l'horizontale calculée, réduite à l'échelle, qu'on porte convenablement sur cette ligne). Une extrémité représente le point 0 ou de départ, l'autre le point 1. A ce dernier point, et au moyen du rapporteur, on reproduit l'angle donné par l'instrument au point correspondant, ou calculé comme il a été dit. Sur ce côté prolongé on porte la deuxième distance horizontale réduite à l'échelle; l'extrémité de cette distance donne le point 2 du lever. A ce point ainsi obtenu, on trace le deuxième angle égal à son correspondant sur le terrain, et sur le côté prolongé on porte la troisième distance horizontale réduite à l'échelle, et ainsi de suite.

Si l'on a levé un polygone, le dernier point doit tomber dans les environs du point de départ, à une distance qui varie suivant le degré de précision des instruments employés, suivant le périmètre du polygone et l'habileté de l'opérateur.

Cette manière de rapporter les plans exige pour les levers au moyen des boussoles suspendues ou carrées, la détermination des angles que deux lignes consécutives font entre elles par les procédés que nous avons indiqués plus haut. Il n'est pas nécessaire de passer par ces modifications si l'on détermine chaque point levé comme l'indique le principe I que nous avons énoncé.

Le point 1 du lever sera déterminé par rapport au point 0 ou origine, si l'on connaît la direction de la ligne qui joint ces deux points et ses projections horizontale et verticale.

Nous savons trouver les distances horizontale et verticale avec tous les instruments que nous avons décrits. La direction est donnée directement par la boussole suspendue et la boussole carrée (cas où la galerie n'est pas ferrée). Des formules (1) et (2), page 61, on tirera la direction de la deuxième ligne, pour les cas du théodolite, pantomètre ou boussole carrée (cas où la galerie est ferrée); mais ceci exige la connaissance de la direction de la première ligne; aussi dans tous les levers, au moyen des instruments ci-dessus, devra-t-on déterminer exactement la direction magnétique de la première station 0—1. Cette direction sera transformée en direction vraie, en y ajoutant ou retranchant la déclinaison, suivant la notation de la boussole et le signe de cette déclinaison.

Dans les levers courants, cette direction, déjà déterminée, sera vérifiée pour s'assurer de son exactitude.

Les formules pour la réduction des angles observés en direction vraie des lignes qui composent ces angles seront donc :

$$b = a + x - 180 \qquad (1)$$
$$b = a + 180 - x,$$

suivant la notation de la boussole et suivant qu'on aura observé les angles de droite ou de gauche. Ainsi, la formule $a + x - 180^\circ$ servira pour le cas où l'on aura observé les angles de gauche, la notation de la boussole étant directe, et pour le cas des angles pris à droite, notation inverse. La formule $a + 180 - x$ servira pour le cas où les angles seront pris à droite, notation directe, et celui où les angles seront pris à gauche, notation inverse.

La direction de chaque ligne étant ainsi déterminée, on trace un point initial sur le papier représentant le point 0 du lever, et une ligne droite représentant la ligne N.-S vraie, dirigée de manière que l'opération soit contenue par la feuille, ainsi que les travaux postérieurs. Au moyen du rapporteur en corne, dont le diamètre coïncidera avec cette ligne ou une parallèle (suivant qu'on aura fait passer la ligne N.-S. par le point initial ou non), et le 0 coïncidant avec le point initial, on déterminera un angle égal à la direction 0—1 ramenée au Nord vrai. Cet angle sera compté de gauche à droite si la boussole ayant servi à l'observation de la base est graduée de droite à gauche, et de droite à gauche si la boussole est graduée de gauche à droite.

Sur la ligne déterminée par le deuxième côté de cet angle, et à partir du point 0, on portera la distance horizontale, réduite à l'échelle, de la station 0—1; l'extrémité donnera le point 1 du lever. A ce point on mènera une ligne parallèle à la ligne N.-S. et l'on fera comme il a été dit pour le point 0; ainsi de suite.

Chaque point reçoit la cote indiquant la distance verticale du mur de la galerie au plan général de comparaison. Cette cote est affectée du signe + ou —, suivant qu'elle est positive ou négative, c'est-à-dire, suivant que la distance est comptée au-dessus ou au-dessous du plan de comparaison.

On détermine les parois de la galerie par les largeurs à droite et à gauche des divers points du réseau et par les observations et croquis qu'on a eu le soin de prendre.

Un deuxième procédé consiste à placer la boussole dans un instrument appelé *rapporteur*, et à faire marquer à l'aiguille, au point voulu, l'angle correspondant observé dans la mine. Inutile que nous nous étendions davantage sur un pareil procédé, qui exige trop de précautions et pas mal de patience, du moment qu'on possède tant d'autres moyens plus sûrs et plus expéditifs.

Enfin, un dernier procédé consiste, la ligne N.-S. étant tracée et le point 0 déterminé sur cette ligne, à appliquer le rapporteur en corne de manière que le diamètre coïncide avec la ligne N.-S. et le centre avec le point 0. Déterminer du côté convenable les directions moindres que 180°, réduites au Nord vrai, et de l'autre côté les angles supérieurs. Noter chaque point par le numéro de la station auquel il correspond.

Après avoir enlevé le rapporteur, on joint le point 0 au point 1, et sur cette ligne on porte la longueur voulue, réduite à l'échelle; on joint le point 0 au point 2, et par le point 1 on mène une parallèle à cette ligne; on porte la longueur voulue et l'extrémité donne le point 2; on joint le point 3 au point 0, et ainsi de suite.

Cette méthode ne peut guère s'appliquer que pour les levers de peu d'étendue.

Sur les plans destinés à être rapportés par cette méthode, on trace un cercle au point origine de 0m.08 à 0m.10 de rayon, qu'on divise en 360 parties égales, notées inversement à la boussole. Ce cercle tient lieu de rapporteur, en y prenant la direction indiquée et menant une parallèle au point voulu.

Ces différents procédés de rapporter les plans ont reçu le nom de *méthode ordinaire* ou *graphique*. Ils nécessitent tous l'emploi d'instruments plus ou moins commodes et plus ou moins exacts; il est même impossible de rapporter ainsi les opérations faites au moyen du théodolite ou du pantomètre, car les angles observés sont appréciés à 30″ près, tandis que ceux qu'on peut reproduire sur le papier sont limités à $\frac{1}{8}$ de degré. De plus, une erreur commise en rapportant se fait sentir sur tous les points suivants, chaque point dépendant du précédent.

Il est donc utile, soit pour rapporter convenablement les levers aits avec des instruments précis, soit pour ne pas employer dans cette opération d'instruments autres que le décimètre, d'avoir recours à un moyen différent de ceux qui constituent la méthode graphique ou ordinaire. C'est cette méthode qu'on appelle numérique ou des trois plans coordonnés. Elle consiste sommairement à remplacer l'angle de direction par ses lignes trigonométriques.

CHAPITRE VIII.

MÉTHODE DES TROIS PLANS COORDONNÉS.

Le but principal de cette méthode est, avons-nous dit, d'exclure tout instrument pour le rapport des plans sur le papier. Elle est fondée sur le principe II énoncé au chapitre précédent et ainsi conçue : Un point dans l'espace est parfaitement déterminé, par rapport à un autre point pris pour origine, lorsqu'on connaît la valeur numérique des perpendiculaires abaissées de ce point à trois plans se coupant à angles droits au point-origine.

En effet, soit (fig. 25) B un point pris dans l'espace et A le point-origine où se croisent les trois plans, ZAY, vertical et dirigé suivant la ligne N.-S., XAY, vertical et dirigé E.-O. et ZAX horizontal; si nous connaissons les trois perpendiculaires BC, BD, BG abaissées du point B sur les trois plans, le point sera déterminé, car pour le retrouver nous n'aurons qu'à construire le parallélipipède AHGFEDBC, en portant sur les traces des plans et, à partir du point A, les longueurs AH, AF, AE respectivement égales à BC, BD, BG.

Fig. 25.

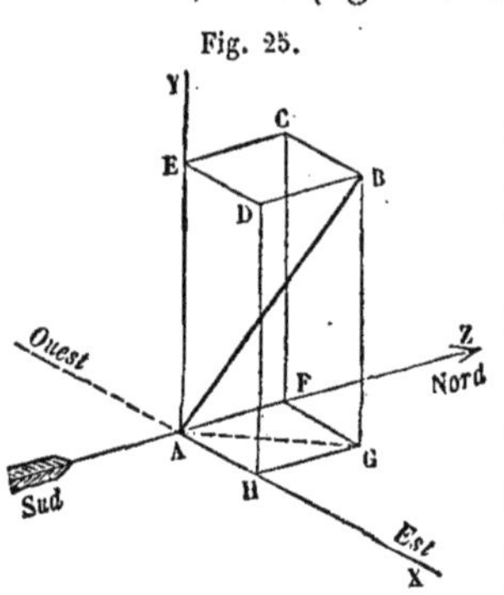

Remarquons que la ligne AB, diagonale du parallélipipède ainsi construit, n'est autre que la longueur mesurée sur le cordeau tendu du point A au point B, et les lignes BG et AG les projections verticale et horizontale que nous savons trouver.

Si l'on considère la projection horizontale de ce cordeau, AG, ou la longueur de la station chaînée horizontalement, et le triangle rectangle AHG (rectangle en H), on voit que les deux côtés de l'angle droit sont égaux aux deux autres lignes BC et BD qui ont servi à la construction du parallélipipède. Si nous parvenons à connaître un angle aigu de ce triangle, il nous sera, dès lors, facile de déterminer ses deux côtés, et, par suite, nous posséderons les trois lignes nécessaires pour établir la position du point B par rapport au point A.

Or AG fait avec le méridien, représenté par la trace AZ, un angle ZAG qui n'est autre que celui donné par l'aiguille aimantée de la boussole, ou calculé par les formules connues, car il est évident que si sur cette ligne on place une boussole, l'aiguille prendra la direction AZ et accusera l'angle GAZ (*).

Dans le triangle AGF, connaissant l'hypoténuse et un angle aigu, l'angle A, nous poserons

$$GF = AG \sin A$$
$$\text{et } AF = AG \cos A.$$

On appelle respectivement ces deux lignes longitude et latitude (la verticale calculée prend aussi le nom d'altitude).

Ainsi la recherche des trois lignes altitude, longitude et latitude, déterminant la position exacte d'un point par rapport à un autre, s'effectue en ajoutant séparément au logarithme de la longueur du cordeau le logarithme sinus et cosinus de l'angle d'inclinaison. Les nombres correspondants donnent l'altitude et l'horizontale calculée. En ajoutant séparément au logarithme de cette dernière ligne le logarithme sinus et cosinus de l'angle de direction, on aura les logarithmes de la longitude et de la latitude du point B par rapport au point A. Les nombres correspondants donnent les lignes qui constituent avec l'altitude ce qu'on appelle coordonnées relatives.

Tant qu'on ne considère les trois plans ci-dessus XAY, XAZ, ZAY que prolongés dans un sens, le principe que nous avons énoncé est vrai; mais les plans doivent être regardés comme non finis. La rencontre de ces trois plans donne donc lieu à huit angles solides égaux, et l'on conçoit que plusieurs points peuvent

(*) Nous supposerons dans tout ce qui suivra la boussole graduée de droite à gauche (notation inverse) et la direction moindre que 90° quoiqu'elle varie de 0 à 360°.

tomber dans tout autre angle que celui qu'on a considéré ci-dessus.

Cette supposition faite, on peut voir de suite que huit positions différentes correspondent à chaque point, si l'on ne considère que la valeur absolue de leurs coordonnées; positions prises dans les huit angles solides formés par les trois plans au point A, origine. Pour obvier à cet inconvénient, on est convenu de donner un nom à chacun de ces angles, et voici comment on y est parvenu : Les quatre angles au-dessus du plan horizontal ont été appelés angles supérieurs, les quatre au-dessous, angles inférieurs.

Les quatre angles à la droite d'un observateur placé à l'intersection des plans, la face tournée vers le Nord, ont été appelés orientaux, les quatre à sa gauche, occidentaux, les quatre en avant de lui, angles antérieurs, et les quatre en arrière, angles postérieurs.

En combinant ensemble ces trois séries d'angles, on en déduit un nom particulier pour chacun d'eux; ce sont :

Angle	antérieur	supérieur	oriental,
d°	d°	d°	occidental,
d°	d°	inférieur	oriental,
d°	d°	d°	occidental,
d°	postérieur	supérieur	oriental,
d°	d°	d°	occidental,
d°	d°	inférieur	oriental,
d°	d°	d°	occidental.

Chaque point compris dans l'un ou l'autre des angles solides ci-dessus a besoin, pour qu'il soit déterminé, avons-nous dit, qu'on connaisse les trois lignes perpendiculaires que nous avons appelées altitude, longitude et latitude. Afin qu'au premier coup d'œil jeté sur ces lignes on puisse distinguer dans lequel des huit angles solides se trouve le point, on est convenu d'affecter du signe + les altitudes comptées au-dessus du plan horizontal, et du signe — celles comptées au-dessous; d'affecter du signe + les longitudes comptées suivant la partie *est* du plan *est-ouest*, et du signe — celles comptées suivant la partie *ouest;* enfin, de marquer du signe + les latitudes comptées suivant la partie *nord* du plan *nord-sud*, et du signe — celles comptées suivant la partie *sud.*

Le tableau suivant a été formé d'après cette convention. Chaque point correspond à une position quelconque dans un des huit angles solides (fig. 26), suivant l'ordre du tableau précédent.

Fig. 26.

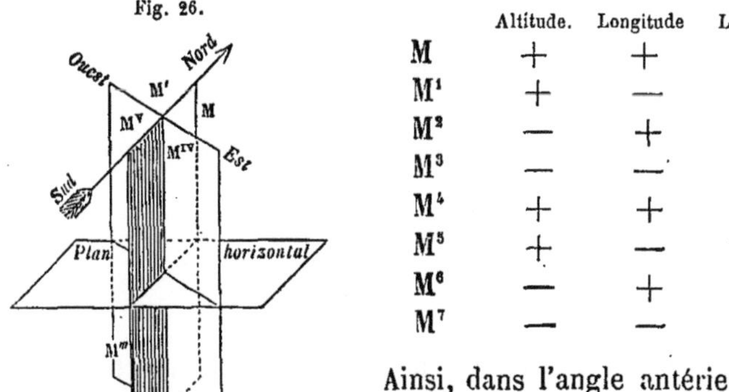

	Altitude.	Longitude	Latitude.
M	+	+	+
M^1	+	—	+
M^2	—	+	+
M^3	—	—	+
M^4	+	+	—
M^5	+	—	—
M^6	—	+	—
M^7	—	—	—

Ainsi, dans l'angle antérieur supérieur oriental, les coordonnées sont positives; dans l'angle antérieur supérieur occidental, la longitude seule est négative, etc.

Voyons maintenant comment des données prises sur le terrain on parvient à déduire la valeur et le signe des coordonnées de chaque point.

Sachant trouver la valeur numérique des trois lignes, nous n'avons à nous occuper que des signes à leur donner.

Et d'abord, l'altitude ou verticale calculée sera positive lorsque l'angle d'inclinaison sera montant ou positif, ou lorsque, par le nivellement, on aura trouvé une ordonnée comptée au-dessus du plan horizontal, négative dans le cas contraire.

L'inspection de l'angle de direction (ramené toujours au méridien astronomique) doit donner les signes de la longitude et de la latitude des points. Ainsi, si l'on suppose que la direction observée (toujours notation inverse) soit comprise de 0 à 90°, position N. de la figure 27, l'extrémité B de la station AB tombera dans un des angles antérieurs orientaux; or nous savons par convention, quelle que soit d'ailleurs la nature de l'altitude, que dans ces angles la longitude et la latitude sont positives; donc nous pouvons poser de suite, premier cadran,

Fig. 27.

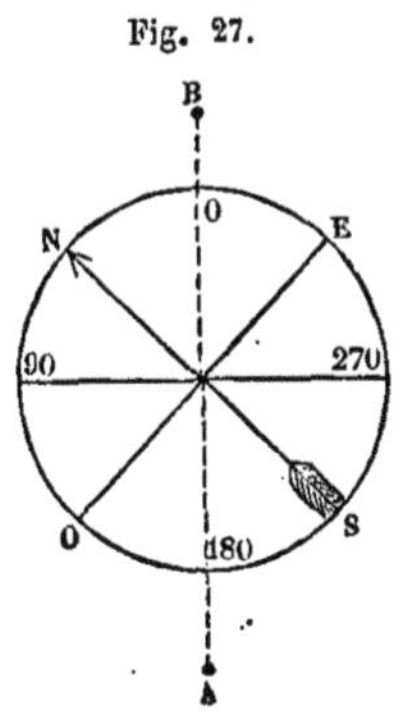

Longitude +,

Latitude +.

Supposons en second lieu que l'angle observé soit compris de 90° à 180° (fig. 28), le point B de la station AB tombera dans un des angles solides postérieurs orientaux; or, quelle que soit la nature de l'inclinaison, ces angles ont pour la longitude le signe + et pour la latitude le signe —. Les angles du deuxième cadran auront donc :

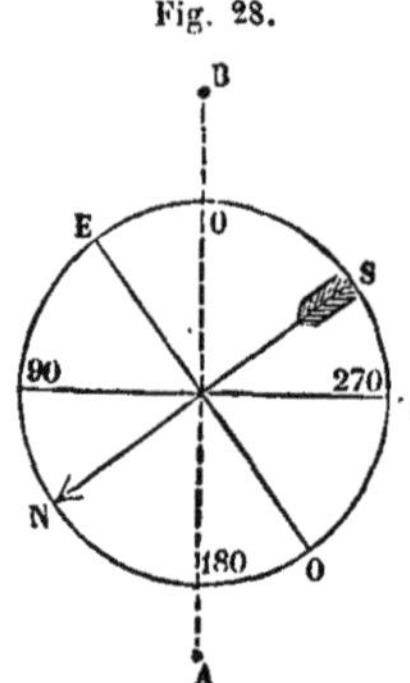

Fig. 28.

Longitude +,
Latitude —.

Si la direction observée ou calculée tombe dans le troisième cadran, c'est-à-dire accusant un angle compris entre 180° et 270° (fig. 29), le point B de la station AB tombera dans un des angles solides postérieurs occidentaux, et l'on peut voir, quelle que soit l'altitude, que ces angles ont des signes négatifs pour la longitude et la latitude; on posera donc, troisième cadran,

Fig. 29.

Longitude —,
Latitude —.

En dernier lieu, si la boussole ou la direction calculée accuse un angle de 270° à 360° (fig. 30), la position du point B tombera dans un des angles solides antérieurs occidentaux; or ces angles ont pour longitude le signe — et pour latitude le signe +, quel que soit le signe de l'altitude; on aura donc, quatrième cadran,

Fig. 30.

Longitude —,
Latitude +.

En résumé,

Premier cadran.		Longitude	+	Latitude	+.
Deuxième	d°	d°	+	d°	—.
Troisième	d°	d°	—	d°	—.
Quatrième	d°	d°	—	d°	+.

Il est facile de se convaincre de la détermination des signes en abaissant du point B des quatre figures ci-contre, sur les lignes N.-S, E.-O. qui sont les intersections des deux plans verticaux avec le plan horizontal, les perpendiculaires représentant la longitude et la latitude de ce point, ne perdant pas de vue que la longitude est comptée suivant la ligne E.-O. et la latitude suivant la ligne N.-S.

Nous savons que la longitude et la latitude d'un point, par rapport à un autre pris pour origine, constituent les deux côtés d'un triangle rectangle, dont l'hypoténuse est l'horizontale calculée ou mesurée et dont un angle aigu, celui opposé à la longitude, est connu : c'est l'angle de direction observé par la boussole ou calculé par la formule 1, page 65.

Mais cet angle varie de 0 à 360°; on est donc obligé, pour les angles supérieurs à 90°, de les ramener, sans troubler la valeur des lignes, à un angle plus petit qu'un droit. Cette transformation s'appelle réduction des angles au cadran. Elle est fondée sur ce principe que les lignes trigonométriques des angles supplémentaires ont même valeur absolue.

On posera donc :

Premier cadran : de 0 à 90°, tel qu'il est donné par la boussole.

Deuxième cadran : de 90° à 180°, angle de la boussole déduit de 180°.

Troisième cadran : de 180° à 270°, angle de la boussole dont on déduit 180°.

Quatrième cadran : de 270° à 360°, angle de la boussole diminué de 180° et le reste ôté de 180°, ce qui revient à retrancher l'angle lu sur la boussole de 360°.

Si l'on considère la figure 31, où nous représentons les quatre positions de la pointe bleue de l'aiguille, on voit que l'angle réduit au cadran est toujours celui formé par la pointe N. de l'aiguille et un côté N.-S. de la ligne 0-180 du limbe.

Fig. 31.

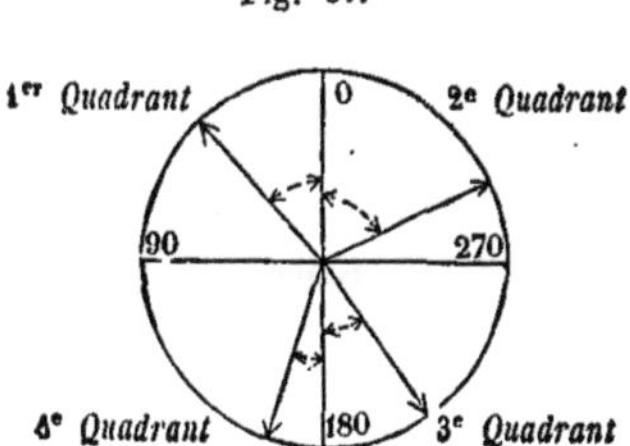

Résumons, et soit x l'angle aigu, D la direction, nous avons,

Premier cadran $x = D$.
Deuxième d° $x = 180 - D$.
Troisième d° $x = D - 180$.
Quatrième d° $x = 360 - D$.

Jusqu'ici nous n'avons considéré qu'une simple station ayant son point de départ à l'origine. Une station quelconque sera calculée de même, parce qu'on peut toujours supposer qu'au point de départ de chaque station se croisent trois plans perpendiculaires pareils à ceux du point origine.

D'après ce qui précède, nous savons trouver la valeur numérique des coordonnées et les signes qui leur conviennent. Chaque point se trouve donc déterminé tel que l'indique le principe II, énoncé au chapitre sixième.

Le rapport sur le papier s'effectue en menant, des points de départ de chaque station, des parallèles aux lignes N.-S., E.-O. et portant respectivement sur ces lignes la longitude et la latitude eu égard aux signes qui les affectent; la rencontre des perpendiculaires élevées au point ainsi déterminé donnera le point voulu.

Remarquons qu'un pareil procédé nécessite des constructions plus ou moins longues, et qu'une erreur commise en rapportant un point se fait sentir sur tous ceux qui en dépendent. On évite cet inconvénient en calculant les coordonnées de chaque point par rapport aux trois plans fixes passant par l'origine. Cette opération s'appelle somme algébrique et fait connaître la valeur absolue des coordonnées de chaque point (*).

On effectue cette opération en considérant la valeur absolue et le signe du point qui précède, et la valeur relàtive et le signe de la station qui suit. On additionne si les signes sont les mêmes, et l'on donne au résultat le signe commun; on retranche si les signes sont contraires, et l'on donne au résultat le signe du plus grand nombre.

Rendons cette opération sensible par une figure. Soient O. E., N.-S. (fig. 32), les traces des plans verticaux dont l'intersection avec le plan horizontal donne l'origine, et ABCDEF les divers

(*) On appelle valeurs relatives ou coordonnées relatives d'une station quelconque les distances, altitude, longitude et latitude, comptées suivant les trois plans se croisant à l'origine de la station.

On appelle valeurs absolues ou coordonnées absolues, les mêmes distances comptées à partir des plans établis au point origine.

points d'un polygone se fermant au point précédent. Considérant

Fig. 32.

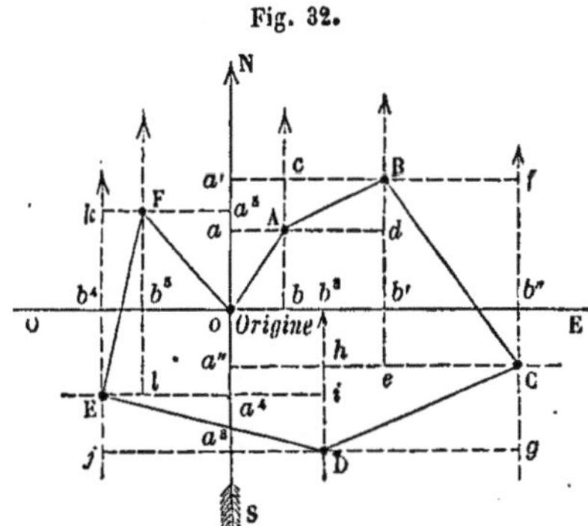

successivement ces points, on voit d'abord que A a pour longitude relative A*a* et pour latitude A*b*, toutes deux positives, ce point tombant dans le premier cadran. Les valeurs absolues sont les mêmes, ce point ayant pour départ l'origine des coordonnées.

Le point B a pour longitude relative B*c* et pour latitude B*d*, toutes les deux positives, ce point tombant dans le premier cadran. Les valeurs absolues sont B*a'* B*b'*, positives par la même raison.

Le point C a pour longitude relative C*e* avec le signe + et pour latitude relative C*f* avec le signe —. Valeurs absolues : longitude, C*a''* avec le signe +, C*b''* avec le signe —.

Le point D a pour longitude relative D*g* avec le signe — et pour latitude relative D*h* avec le même signe. Valeurs absolues : longitude, Da^3 avec le signe + et latitude, Db^3 avec le signe —.

Le point E a pour longitude relative E*i* avec le signe — et pour latitude relative E*j* avec le signe +. Valeurs absolues : longitude, Ea^4 avec le signe — et latitude, Eb^4 avec le signe —.

Enfin F a pour longitude relative F*k* et pour latitude relative F*l* avec le signe +. Valeurs absolues : Fa^5 négative et Fb^5 positive.

Le point O, origine, point de raccordement du polygone, a pour longitude relative Ob^5 avec le signe + et pour latitude Oa^5 avec le signe —.

Les valeurs absolues de ce point étant zéro, toutes les fois qu'on s'y raccordera, on devra trouver des valeurs absolues d'autant plus faibles que le géomètre aura bien opéré.

En résumé, et sous forme de tableau, les valeurs absolues et relatives de chaque point seront :

	VALEURS RELATIVES.				VALEURS ABSOLUES.			
	Longitude.		Latitude.		Longitude.		Latitude.	
	+	−	+	−	+	−	+	−
O	0,00	0,00	0,00	0,00	0,00	0,00	0,00	0,00
A	A*a*	»	A*b*	»	A*a*	»	A*b*	»
B	B*c*	»	B*d*	»	B*a*[1]	»	B*b*[1]	»
C	C*e*	»	»	C*f*	C*a*[2]	»	»	C*b*[2]
D	»	D*g*	»	D*h*	D*a*[3]	»	»	D*b*[3]
E	»	E*i*	E*j*	»	»	E*a*[4]	»	E*b*[4]
F	F*k*	»	F*l*	»	»	F*a*[5]	F*b*[5]	»
O	O*b*[5]	»	»	O*a*[5]	0,00	0,00	0,00	0,00

Remarquons que les valeurs absolues du point A sont égales respectivement aux valeurs relatives de ce point, que les valeurs absolues du point B le sont respectivement à celles du point A, augmentées des valeurs relatives du point B. La longitude absolue du point C égale celle du point B, augmentée de la longitude relative du point C, et la latitude absolue du même point égale sa latitude, diminuée de la latitude absolue de B.

La longitude absolue du point D est égale à celle du point C, moins la longitude relative du point D, et sa latitude absolue égale la latitude absolue de C, augmentée de la latitude relative de D.

La longitude absolue du point E égale sa longitude relative diminuée de la longitude absolue de D, et sa latitude absolue égale celle de D, moins la latitude relative de E.

La longitude absolue de F est égale à celle de E, diminuée de la longitude relative de F, et la latitude absolue de F égale sa latitude relative diminuée de la latitude absolue de E.

Enfin le point O a pour valeurs absolues zéro, ou bien longitude absolue de F, moins longitude relative de O, et latitude absolue de F moins latitude relative de O.

En un mot les valeurs absolues de chaque point sont égales à celles du point précédent, augmentées ou diminuées de la valeur relative suivant le signe. Nous avons déjà énoncé cette règle, et nous avons appelé cette opération somme algébrique; on voit qu'elle a pour but de déterminer les coordonnées de chaque point par rapport aux trois plans fixes se croisant au point origine. On appelle ainsi cette opération parce que ce n'est autre qu'une addition algébrique qui, dans le cas de deux termes, consiste à les placer l'un à la suite de l'autre sans changer les signes, à ajouter si les signes sont les mêmes et donner au résultat le signe commun, à retrancher si les signes sont contraires et donner au résultat le signe du plus grand terme.

Le rapport sur le papier des points déterminés par la méthode que nous venons de décrire s'effectue de la manière suivante :

On trace sur la feuille deux lignes perpendiculaires indiquant les traces des plans verticaux N.-S., E.-O., de manière que le croisement de ces lignes, déterminant le point-origine, soit convenablement placé pour que tous les travaux postérieurs puissent être contenus par la feuille. Il suffit alors, pour rapporter un point quelconque, de porter sur ces lignes, et à partir du point-origine, les coordonnées de ce point, eu égard à leurs signes, réduites à l'échelle ; la rencontre des perpendiculaires donne le point voulu qui sera complétement déterminé par la cote de nivellement qui lui convient et qu'on fera précéder du signe + ou —, suivant qu'elle est au-dessus ou au-dessous du plan horizontal de comparaison.

Pour éviter de compter à partir du point-origine, pour chaque point à rapporter, les coordonnées qui lui conviennent, on divise la feuille en carrés de 100 mètres de côté. Il suffit alors de chercher le carré qui devra contenir le point eu égard aux signes, de porter respectivement, à partir de l'angle le plus rapproché de l'origine, sur les lignes E.-O. et N.-S., la longitude et la latitude du point, abstraction faite du chiffre des centaines et de ceux qui précèdent à gauche ; la rencontre des perpendiculaires élevées à l'extrémité de ces distances donne le point voulu.

On arrive au même résultat au moyen d'un petit instrument qui permet d'opérer vite et exactement, en évitant la construction des perpendiculaires. Il consistait, dans le principe, en un rectangle en verre de $0^m,12$ sur $0^m,10$ de côté et d'un millimètre d'épaisseur. Deux côtés adjacents portaient une graduation en millimètres partant de l'angle formé par ces côtés ; les deux autres portaient une graduation en demi-millimètres pouvant servir pour le rapport à l'échelle de $\frac{1}{2000}$. Sur le plus grand côté du rectangle la graduation s'arrêtait à $0^m,10$, et la division marquée 4 ou 2 sur le côté opposé servait de repère pour placer l'instrument d'équerre ; il suffisait pour cela de faire coïncider constamment la limite des divisions et le repère avec une des lignes tracées sur le papier indiquant les hectomètres.

Soit à rapporter avec cet instrument un point ayant pour longitude 1265^m,76 et pour latitude 861^m,09.

Du premier coup d'œil on voit que le point doit tomber dans le carré ABCD, par exemple (fig. 33). On portera donc le rapporteur sur le carré, et on le fera glisser jusqu'à ce que la ligne AB accuse le nombre de dizaines et unités contenues dans la latitude, c'est-à-dire 61,09 (les décimales ne peuvent guère s'indiquer que par fraction de 25 centimètres, c'est-à-dire un quart de millimètre sur le papier pour l'échelle de $\frac{1}{1000}$).

Fig. 33.

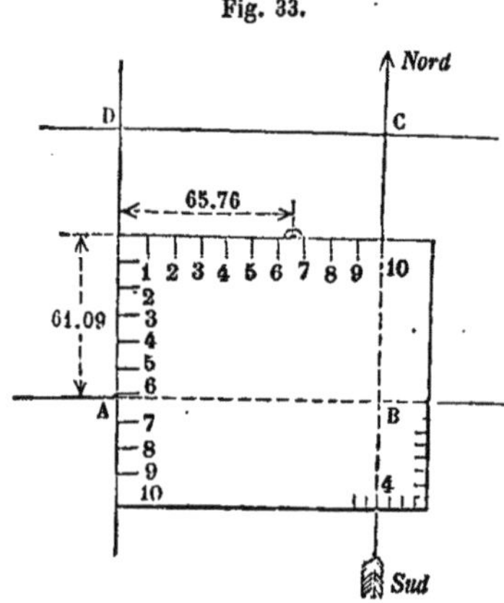

Dans la position qu'occupe le rapporteur, on a soin que la ligne BC coïncide exactement avec les divisions 10 et 4 des grands côtés, comme la figure l'indique ; alors, avec la pointe du crayon, on marque la longitude à la division qui lui convient ; ce point satisfait aux conditions voulues.

M. Delenne, géomètre en chef des houillères de Bességes, perfectionna cet instrument qui, comme on peut le supposer, était très-cassant ; il le fit en cuivre et évida la partie intérieure. Aux mines de Portes, on le fit en ébène plaqué en os pour la graduation ; à l'intérieur on ajouta deux échelles de plus : l'échelle $\frac{1}{2500}$ et l'échelle $\frac{1}{5000}$.

Nous avons vu que pour trouver l'horizontale et la verticale, la longitude et la latitude, on était obligé d'employer les tables de logarithmes, procédé qui exige des recherches assez longues. Pour éviter ces pertes de temps, MM. Giroud et Lesbros construisirent des tables très- exactes donnant immédiatement le produit des 100 premiers nombres entiers par le sinus et le cosinus des angles du quart de cercle. La colonne supérieure horizontale contient les distances en mètres par dizaines, et la colonne verticale de gauche contient deux séries d'angles complémentaires, l'une allant de 0 à 45°, et l'autre de 90 à 45°. Les angles sont divisés en quarts de degrés, ce qui n'empêche pas d'employer ces tables pour des angles appréciés $\frac{1}{16}$ de degré. Le résultat de la multiplication d'un nombre entier, ne dépassant pas 100, par le sinus et cosinus d'un angle apprécié à un quart de degré près, est donné directement par les nombres qui se trouvent à l'intersection des colonnes verticale et horizontale contenant ce nombre entier et l'angle voulu.

Lorsque le nombre entier contient des décimales (dixièmes et centièmes) on multiplie ces dernières par 100 et l'on cherche le résultat comme si cette dernière partie exprimait des unités simples. Il suffit ensuite, pour revenir à leur vraie valeur, de diviser le résultat par 100.

Si l'angle est exprimé en $\frac{1}{8}$ de degré, on prend la moyenne des nombres accusés par l'angle supérieur et l'angle inférieur à $\frac{1}{8}$, angles qui se trouvent alors dans les tables. Si cet angle est exprimé en $\frac{1}{16}$ de degré, on prend le $\frac{1}{4}$ de la différence des nombres donnés par les angles marqués sur la table, et on multiplie ce $\frac{1}{4}$ par l'excédant du numérateur de la fraction de l'angle donné sur le plus petit des deux angles de la table exprimé en $\frac{1}{16}$, on ajoute le résultat au nombre correspondant au plus petit angle.

Exemple.

Soit, 13,82 la longueur du cordeau et 14° $\frac{7}{16}$ l'angle d'inclinaison. On cherche le tableau contenant 13 mètres et les angles comprenant 14 $\frac{7}{16}$. Ce sont 14 $\frac{1}{4}$ et 14 $\frac{1}{2}$ ou 14 $\frac{4}{16}$ et 14 $\frac{8}{16}$. Les nombres correspondants sont

pour	14 $\frac{4}{16}$	10,66 et 2,71
	14 $\frac{8}{16}$	10,65 et 2,75

la différence est 0,01 et 0,04. L'angle 14 $\frac{7}{16}$ étant plus près de 14 $\frac{8}{16}$ que de 14 $\frac{4}{16}$ et la différence 0,01 étant peu sensible, on prendra 10,65 pour horizontale. La différence 0,04, divisée par 4, doit être multipliée par 3, excédant du numérateur de l'angle sur le plus petit de ceux qui le comprennent. Les 0,03 ainsi obtenus sont à ajouter 2,71 pour avoir la verticale; $2,71 + 0,03 =$ 2,74. En appliquant à 0,82, préalablement multiplié par 100, la même série de calculs, on obtient pour résultat 0,78 et 0,20 sans tenir compte des fractions inférieures aux centimètres. On ajoute

0,78 à 10,65, l'horizontale devient 11,43, et 0,20 à la verticale qui devient 2,94.

On dispose le calcul d'une station quelconque comme il suit :

Soit 14ᵐ,57 la longueur du cordeau ou l'horizontale calculée, et 12° $\frac{1}{4}$ la moyenne des deux inclinaisons ou l'angle de direction réduit au cadran. On cherche d'abord la page contenant à la colonne des mètres le nombre 14 et à la colonne des angles 12° $\frac{1}{4}$; si l'on a une table en main, on peut voir qu'à la rencontre de ces deux colonnes correspondent les nombres 13,68 et 2,97. On pose ces nombres sur la même ligne horizontale l'un à côté de l'autre et l'on cherche ensuite le tableau contenant le nombre 57 et l'angle 12 $\frac{1}{4}$. L'intersection donne 55,70 et 12,10, que l'on inscrit respectivement au-dessous des deux premiers nombres trouvés en les ayant préalablement divisés par 100, car 57 a été considéré comme représentant des mètres et a été, par cela même, multiplié par 100.

L'addition de chaque groupe donne l'horizontale et la verticale, ou la longitude et la latitude. On reconnaît l'horizontale en ce qu'elle est plus grande que la verticale lorsque l'angle d'inclinaison est plus petit que 45°, égale lorsque cet angle égale 45°, et plus petite lorsque cet angle est plus grand (fig. 34). On reconnaît la longitude en ce qu'elle est plus grande que la latitude lorsque l'angle de direction réduit au cadran est plus grand que 45°, égale lorsque cet angle égale 45°, et plus petite lorsque cet angle est plus petit (fig. 35).

Fig. 34.

a d e b c

acb > 45° H < V
dcb = 45° H = V
ecb < 45° H > V

La réduction des angles à la boussole pour le cas du théodolite, pantomètre et boussole carrée (cas où la galerie est ferrée), s'effectue au moyen de la formule donnée au chapitre VII, page 65, les calculs se disposent comme suit :

Fig. 35.

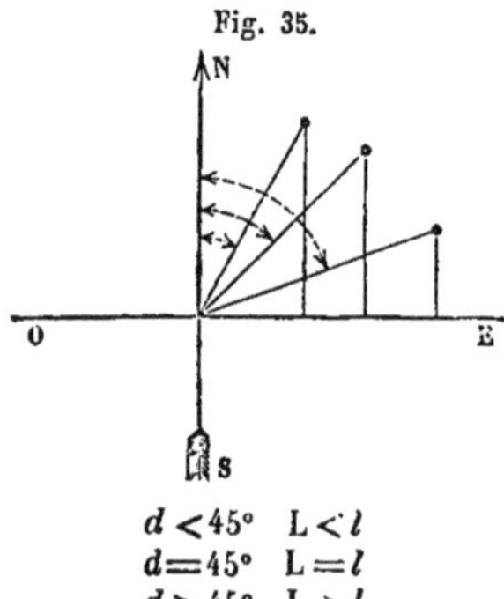

Exemple. Soient :

123°	7'	50"	direction de la ligne
de base et 267	21	10	
183	51	30	
178	42	20	

les différents angles levés avec les instruments ci-dessus.

	Preuve.
On posera 123° 7′ 50″ base	123° 7′ 50″
+ 267 21 10	267 21 10 1.er angle
390 29 00	183 51 30 2e angle
— 180	178 42 20 3e angle
210 29 00 1re ligne	753 02 50
+ 183 51 30	— 540
394 20 30	213° 02′ 50″
— 180	
214 20 30 2e ligne	
+ 178 42 20	180 × 3 = 540
393 02 50	
— 180	
213° 02′ 50″ 3e ligne	

La direction de chaque ligne est donnée, comme on voit, en ajoutant à la direction de la précédente l'angle formé par ces deux lignes et retranchant 180° (*).

La dernière direction ainsi calculée doit être évidemment égale à la direction de la base augmentée des angles du lever et diminuée d'autant de fois 180° qu'on a de ces angles.

Il n'est pas rare que l'angle et son supplément ne fassent pas toujours 360° exactement ; la plupart du temps il existe une erreur qu'on ne doit pas laisser dépasser 2′, soit en plus, soit en moins ; en ajoutant ou en retranchant la moitié de cette erreur à l'angle qui doit servir au calcul, on est sûr de ne pas se tromper de plus de cette quantité.

Lorsque dans l'emploi de ces formules le résultat de la première partie est tel qu'on ne peut pas retrancher 180°, on les ajoutera; cela revient à augmenter cette partie de la circonférence entière et retrancher 180°. Si, au contraire, le résulat de la formule donne des angles supérieurs à 360°, on retranchera 360° ou la circonférence.

Le calcul des longitudes et latitudes, pour une opération au théodolite ou au pantomètre, se fait au moyen des tables de Callet.

(*) Nous avons supposé la boussole notée inversement et les angles pris à gauche.

Type du calcul.

Soient 12,87 la longueur de la station chaînée horizontalement et 32° 47′ 40″ l'angle de direction réduit au cadran.

On cherche le log. 12,87, qu'on écrit deux fois sur une même ligne horizontale.

log 12.87 =	1,1095785		1,1095785
log sin 32°47′40″ =	9,7337001	log cos 32°47′40″ =	9,9245993
	0,8432786		1,0341778
Nombres correspondants.	6,970		10,818
		en forçant	10,82

Au-dessous on inscrit le log. sin. et cos. de l'angle et l'on additionne séparément; les nombres correspondants donnent la longitude et la latitude qu'on reconnaît comme il a été dit.

Dans ce cas 10,82 = la latitude

et 6,97 = la longitude.

On peut disposer aussi les calculs comme ci-dessous :

	0,8432786 =	6,97 longitude.
log sin 32°47′40″ =	9,7337001	
log de 12,87 =	1,1095785	
log cos 32°47′40″ =	9,9245993	
	1,0341778 =	10,82 latitude.

On évite ainsi de placer le logarithme des longueurs en deux endroits.

Nous n'avons considéré jusqu'ici, pour la construction de la carte, que la projection horizontale des travaux, parce que dans les mines peu inclinées les cotes de nivellement suffisent presque toujours pour donner une idée exacte de la configuration du terrain. Dans tous les autres cas, on dressera, au moyen des cotes de chaque point la projection verticale des travaux, soit suivant une ligne déterminée, soit suivant le développement des galeries au moyen des longueurs horizontales des stations.

TROISIÈME PARTIE.

CHAPITRE IX.

PROBLÈMES RELATIFS AUX PLANS DE MINES.

Les différents problèmes qui se présentent pendant le cours d'une exploitation se réduisent à ceux-ci : 1° tracé d'une ligne méridienne; 2° triangulation extérieure; 3° tracé d'une ligne droite, limites de concession, coupes, etc.; 4° tracé d'une courbe à l'intérieur; 5° percements de mines; 6° tracé de routes et chemins de fer (petite section); 7° chaînage de puits.

Problème I.

UTILITÉ ET TRACÉ D'UNE LIGNE MÉRIDIENNE.

Il est indispensable, soit pour réduire constamment les directions magnétiques en vraies, soit pour connaître plus ou moins exactement la direction de la ligne de base dans les levers au moyen du théodolite ou du pantomètre, de déterminer au jour une ligne méridienne. On appelle ainsi la trace sur le sol, en un lieu quelconque, d'un plan passant par les pôles de la terre. Ce plan est dit méridien astronomique.

On appelle méridien magnétique le plan vertical passant par les pôles d'une aiguille aimantée mise en liberté sur un pivot. Ce dernier plan variant de position autour du méridien astronomique, on appelle déclinaison de l'aiguille l'angle formé par le méridien magnétique et celui-ci. La déclinaison est dite orientale ou occidentale suivant que cet angle est compté à droite ou à gauche du méridien astronomique.

Le tableau suivant montre les variations qu'a subies l'aiguille aimantée à Paris, depuis l'année 1580, en dehors des perturbations ou causes accidentelles et des variations diurnes et annuelles auxquelles elle est assujettie.

Année	1580	déclinaison	11° 30′	à l'Est.
	1663		0 00	id.
	1700		8 10	à l'Ouest.
	1780		19 25	id.
	1805		21 5	id.
	1814		22 34	id.
	1825		22 22	id.
	1829		22 12	id.
	1835		22 4	id.
	1850		20 31	id.
	1855		19 57	id.
	1860		19 32	id.
	1861		19 26	id.
	1863		19 06	id.
	1864		18 57	id.

Il suffit de jeter un coup d'œil sur le tableau ci-dessus pour conclure l'utilité de ramener les directions à un plan fixe et détruire le préjugé que quelques personnes ont eu jusqu'à aujourd'hui, consistant à regarder comme insignifiante l'erreur commise en négligeant les variations séculaires de l'aiguille. Cette variation n'atteint, en effet, que quelques minutes d'une année à l'autre, tandis qu'au moyen de la boussole on n'apprécie guère au delà de $\frac{1}{4}$ de degré; mais si l'on compare des plans levés en 1814 et en 1864, par exemple, le plan méridien ayant varié de 3° $\frac{1}{2}$ environ, les directions rapportées à 1864 seront erronées de cette variation et les plans entachés d'erreurs d'autant plus grandes qu'on s'éloigne de 1814.

Comme dernière preuve de l'utilité d'une ligne méridienne, nous citerons la circulaire de M. le ministre des travaux publics en date du 15 avril 1862, prescrivant la détermination de cette ligne. Une instruction jointe par M. Combes, inspecteur général des mines, donne les différents procédés qu'on peut employer pour la tracer avec les instruments qui sont généralement à la disposition des géomètres souterrains (*).

Nous répéterons donc qu'il est indispensable de tracer au commencement des travaux une ligne méridienne ou toute autre ligne dont on déterminera plus on moins exactement la direction vraie. Nous disons plus ou moins exactement avec intention, car il importe peu que la ligne déterminant le plan fixe ou faisant un angle connu avec ce plan, soit ou non déterminée exactement, si cette ligne est placée de manière à être conservée autant que la durée de l'exploitation l'exige : les différentes parties des travaux seront erronées par rapport au méridien terrestre d'une même quantité, mais l'ensemble n'en sera pas moins exact.

Si l'on tient à tracer exactement la méridienne d'un lieu, voici le procédé qu'on emploiera. C'est celui contenu dans l'instruction accompagnant la circulaire du 15 avril 1862.

Nous supposerons qu'on dispose d'un thédolite, première catégorie, dont la lunette peut basculer de plus de 45° au-dessus de l'horizontale.

Il consiste à viser l'étoile polaire lors de son passage, supérieur ou inférieur, au méridien.

L'heure des passages au méridien de Paris est donnée tous les ans par l'*Annuaire du bureau des longitudes* de dix en dix jours. Les heures de passage pour les jours intermédiaires peuvent être calculées par interpolation.

Ainsi, d'après la table de l'*Annuaire*, l'étoile passa au méridien de Paris le 6 décembre 1861, à $8^h\ 6'\ 58''$, et le 16 décembre. à $7^h\ 27'\ 28''$ du soir. L'heure du passage avança donc, du 6 au 16 décembre, de $39'\ 30''$, ce qui donne pour l'avance moyenne journalière, durant cet intervalle, $3'\ 57''$. Veut-on avoir l'heure du passage du 12 décembre ? L'intervalle du 6 au 12 étant de 6 jours, on retranchera de $8^h\ 6'\ 58''$ six fois $3'\ 57''$, ou $23'\ 42''$; le résultat $7^h\ 43'\ 16''$ est l'heure cherchée.

Il est essentiel de connaître la longitude du lieu où l'on opère et de pointer l'étoile polaire à l'heure donnée par la table de l'Annuaire ou calculée comme il vient d'être dit, augmentée ou dimi-

(*) Voir *Annales des Mines*, lois, décrets, 6e série, tome XI, page 114.

nuée de la longitude en temps du lieu, suivant que cette dernière est comptée à l'est ou à l'ouest du méridien de Paris.

Ainsi la longitude d'Alais exprimée en temps est 6′ 56″ à l'est du méridien de Paris. Le soleil, ou un astre quelconque, passe donc au méridien d'Alais 6′ 56″ avant de passer à celui de Paris. Le temps moyen d'Alais étant en avant sur celui de Paris de 6′ 56″, il faudra pointer la polaire, dans les environs de cette localité, 7′ avant l'heure donnée par le bureau des longitudes, qui est l'heure de passage à Paris.

La longitude en temps, 6′ 56″, s'obtient en multipliant par 4 la longitude donnée par l'*Annuaire*, tableau des coordonées géographiques des chef-lieux d'arrondissement des départements.

Le théodolite est réglé avant l'opération ; on doit avoir soin surtout que le mouvement de bascule de la lunette ait lieu suivant un plan rigoureusement vertical. (Voir pages 30, 31.)

Demi-heure environ avant le passage, l'instrument doit être installé sur son trépied et mis en station comme il a été dit au chapitre Théodolite — Mesure des angles.

On pointe la lunette sur l'étoile polaire qui fait partie de la constellation appelée petite ourse (*). On suit l'étoile dans son mouve-

(*) Nous extrayons de l'excellent cours d'Astronomie de M. Delaunay, 4e édition, page 129, ce qui va suivre, afin de rendre facile la recherche de l'étoile polaire :

« La constellation de la grande Ourse sera reconnue avec la plus grande facilité, par la disposition des sept étoiles brillantes qui la composent, fig. ci-contre. Ces sept étoiles sont toutes de deuxième grandeur, à l'exceptiou de δ, qui est de troisième grandeur. Les trois étoiles ε, ζ, η forment la queue de la grande ourse. Cette constellation reste toujours au-dessus de l'horizon à Paris ; on la voit vers le Nord, où elle occupe différentes positions, tantôt près, tantôt loin de l'horizon, suivant l'heure à laquelle on l'observe. On lui donne aussi quelquefois le nom de Chariot : α, β, γ, δ sont les roues ; ε, ζ, η sont les chevaux ; une toute petite étoile, située tout près de ζ, figure le postillon.

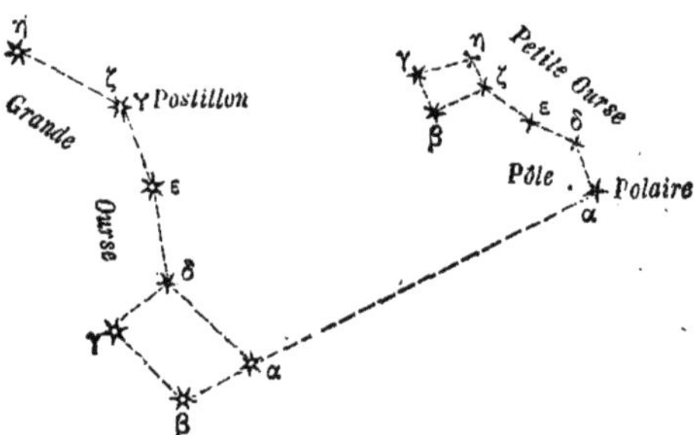

« Dès qu'on connaît la grande ourse, on peut s'en servir pour trouver d'autres

ment ascendant ou descendant avec la vis de rappel jusqu'au moment de son passage donné par l'aide qui tient la montre convenablement réglée.

A ce moment l'image de l'étoile doit être au croisement des fils. On doit observer qu'elle abandonne le fil horizontal par un mouvement inverse à celui qu'elle avait pour l'atteindre, c'est-à-dire, que si son premier mouvement était ascendant, il doit devenir descendant après le pointé de l'étoile, et inversement.

On abaisse ensuite la lunette pour fixer un alignement sur le sol. Cet alignement est la méridienne demandée. Il est convenablement prolongé et piqueté de manière à pouvoir servir pendant toute la durée de l'exploitation.

La partie de cette ligne où s'observeront les déclinaisons des boussoles doit être éloignée de tout magasin de fer capable d'agir plus ou moins sur l'aiguille.

On doit déterminer deux points sur cet alignement à une trentaine de mètres l'un de l'autre, tels que la boussole étant suspendue au cordeau, celui-ci ne touche nulle part. Avec une boussole carrée, munie d'une bonne lunette ou un théodolite, deuxième catégorie, on visera l'étoile polaire comme il vient d'être dit, ayant eu soin préalablement de s'assurer que le mouvement de bascule se fait bien suivant un plan vertical. Dans ce cas, la méridienne est déterminée, non plus par le centre de l'instrument et la polaire, mais par l'axe de la lunette qu'on doit projeter au sol.

On vise avec avantage l'élongation orientale ou occidentale de la polaire qui a lieu 6 heures environ après son passage au méridien ; l'alignement obtenu fait avec la méridienne un angle donné par la formule $\sin z = \frac{\cos D}{\cos L}$, D étant la declinaison de l'étoile au moment où l'on opère et L la latitude du lieu.

La *Connaissanc des temps* donne les déclinaisons de l'étoile polaire de trois en trois jours.

D'après ce qui précède, connaissant l'angle que fait la méri-

constellations. Si l'on mène une ligne droite passant par les étoiles β; α, et qu'on la prolonge au delà de α d'une quantité égale à cinq fois la distance de β à α, ou bien encore d'une quantité égale à la distance αη, on trouve la Polaire. La Polaire, étoile de troisième grandeur, forme l'extrémité de la queue de la petite Ourse, constellation formée de sept étoiles principales, qui sont disposées à peu près de la même manière que celles de la grande Ourse, mais en sens contraire. »

dienne avec l'alignement tracé, on trouvera la méridienne en reproduisant cet angle.

Un procédé avantageux, puisqu'il est indépendant du temps moyen, consiste à viser une étoile circompolaire à des hauteurs égales au-dessus de l'horizon. Nous supposerons qu'on dispose d'un théodolite, première catégorie.

Cela posé, si l'instrument ne possède pas des arcs de cercle ver ticaux, une vis de pression et une de rappel pour empêcher tout mouvement de la lunette suivant le plan vertical, il sera bon de caler celle-ci en serrant fortement les vis de ses supports.

Le zéro du vernier coïncidant avec celui du limbe, on recherche une étoile quelconque circompolaire (c'est-à-dire près du pôle) et l'on fait arriver le réticule sur l'image de celle-ci au moyen de la vis de rappel inférieure et de la vis de rappel des arcs de cercle verticaux, si l'instrument en possède. Desserrant alors la vis de pression du limbe horizontal, on fait mouvoir le vernier et la lunette en évitant que celle-ci ne bascule et l'on attend que l'étoile repasse exactement par les fils, ce qui n'a lieu qu'après une période de temps double de celle qu'elle a mise pour arriver à son point culminant ou passage au méridien astronomique.

On observe l'étoile un moment avant celui où l'on suppose qu'elle passera par le réticule, si elle entre dans le champ de la lunette, on suit son mouvement avec la vis de rappel du limbe horizontal, jusqu'à ce qu'elle arrive au croisement des fils. On lit alors l'angle décrit par le vernier ; la bissectrice de cet angle n'est autre que la ligne méridienne. On répète ces opérations sur la même étoile ou sur des étoiles différentes autant de fois qu'on le juge nécessaire; la bissectrice de chaque angle observé doit passer par les points posés.

Si on a dans la concession deux points bien tranchés déterminant une ligne droite d'un certain développement, on peut prendre la direction de cette ligne en prolongeant la méridienne ou une parallèle jusqu'à sa rencontre, et observant l'angle que ces deux lignes font entre elles. Cet angle est la direction cherchée, et cette ligne peut alors servir de méridienne.

Lorsqu'on ne tiendra pas à posséder une ligne méridienne exactement tracée, il suffit de piqueter, avant le commencement des travaux, une ligne faisant avec la direction de l'aiguille aimantée un angle égal à la déclinaison donnée par le bureau des longitudes. Cette ligne devra servir pour tous les levers postérieurs.

La déclinaison de chaque boussole s'observera mensuellement, pour les levers ordinaires, et avant et après une opération importante; dans ce cas, la moyenne des deux observations donnera la déclinaison qu'on devra admettre. On tient note sur un tableau spécial des déclinaisons observées pour chaque boussole et des jours de l'observation.

Les directions vraies de chaque ligne d'opération seront calculées en retranchant ou ajoutant la déclinaison à la direction magnétique, suivant la notation de la boussole et le sens de la déclinaison.

Actuellement, la déclinaison étant ouest, on la retranche de l'angle lu sur la boussole, si celle-ci est graduée de droite à gauche, et on l'ajoute, si elle est graduée de gauche à droite.

Problème II.

TRIANGULATION.

Une des questions les plus importantes que le géomètre ait à résoudre consiste à rattacher très-exactement les points principaux d'une concession (entrées de mines, puits, bâtiments, etc., etc.) au moyen d'une triangulation.

Cette opération est indispensable sitôt que les travaux présentent un développement considérable sortant au jour par plusieurs issues toujours difficiles à rattacher par la méthode des cheminements, et elle est d'une grande utilité pour la construction de la carte servant à comparer constamment les travaux intérieurs et la surface.

Tous les points devront être déterminés par rapport à la même origine que ceux de l'intérieur, pour simplifier le rapport de la carte extérieure sur la même feuille que le plan de mine, ce qui exige de faire du point-origine (par exemple) un point trigonométrique.

La triangulation consiste au chaînage exact d'une seule ligne, à la mesure des angles d'un certain nombre de triangles quelconques et à la résolution de ceux-ci par les moyens donnés en trigonométrie, connaissant un côté et les trois angles.

Les théodolites que nous avons rangés dans la première catégorie, c'est-à-dire ayant la lunette dans l'axe et donnant une approximation d'au moins 20 secondes, sont ceux qu'on emploie de préférence.

Nous diviserons cette opération en trois parties : 1° choix et mesure de la base; 2° pose des points; 3° mesure des angles.

1° *Choix et mesure de la base.* Le choix et la mesure de la base sont sans contredit les opérations les plus délicates. De là dépend le résultat. Il est donc évident que le choix doit en être fait avec soin, de manière que l'on puisse chaîner cette ligne rigoureusement.

Dans les concessions traversées par des routes impériales, des chemins de fer, et dans celles où la surface est peu accidentée, on arrive facilement à déterminer une ligne droite d'au moins 300 mètres pouvant être chaînée sans difficultés par les moyens ordinaires, c'est-à-dire, en appliquant la chaîne préalablement étalonnée contre le sol, si la pente est régulière, et mesurant la différence de niveau des deux points extrêmes; ou bien, rendant la chaîne horizontale suivant les prescriptions que nous avons données au chapitre II, Chaînage; ou bien encore, en se servant de règles en bois disposées horizontalement ou non. Dans ce dernier cas, on mesure au moyen du demi cercle ou de tout autre instrument, l'angle d'inclinaison de la règle. Ces règles, au nombre de trois au moins, préalablement étalonnées, sont portées successivement les unes à la suite des autres dans le plan vertical contenant la ligne à chaîner. On a le soin de laisser entre elles un petit espace qu'on mesure avec un double décimètre. Un aide, muni du théodolite ou d'une alidade quelconque, stationne à une extrémité de la ligne, afin de faire entrer chaque règle dans le plan vertical voulu.

Nous renvoyons le lecteur, pour de plus amples détails sur un pareil procédé, à l'excellent ouvrage de M. Arago, *Astronomie populaire*, tome 3, livre XX, chap. XXII, Mesure de la méridienne de France.

Cette ligne doit être mesurée jusqu'à ce qu'on arrive à un résultat satisfaisant.

Dans les pays montagneux privés des avantages précités, il est toujours difficile, pour ne pas dire impossible, de déterminer cette base à quelques centimètres près, par les moyens ordinaires.

Le chaînage au moyen des règles devient aussi impraticable si ces dernières ne sont pas élevées au-dessus des rochers et des broussailles. L'instrument que nous allons décrire nous a été suggéré par l'idée de combler cette lacune. Comme cet appareil ne doit servir que rarement, on pourra le construire en bois. Le dessin que nous publions (pl. IV, fig. 7 et 8) représente l'élévation de cet instrument et la coupe au niveau du plateau. Il est nécessaire d'en avoir deux semblables portant une règle en bois sec et dur. Cette règle repose, par un axe *a* disposé en son milieu, sur un pivot AB porté par un trépied. Le pivot pourra s'élever ou s'abaisser au moyen d'une crémaillère *mn* afin de faire arriver l'extrémité de la règle au niveau de l'extrémité de la règle qui précède.

La règle est rendue horizontale en agissant sur une vis *v* disposée à cet effet sur le pivot. Afin que ce dernier puisse obtenir une position verticale ou à peu près, il porte une double articulation *xy* comme on en voit dans quelques trépieds de niveaux d'eau. Un niveau à bulle d'air N surmonte la règle en son milieu. Celle-ci s'enlève du pivot à chaque changement de station.

La crémaillère mue par un pignon *p* et une manivelle K permet d'élever ou d'abaisser la règle d'environ 0,40. Le plateau T porte, fixés sur ses faces supérieures et inférieures, des guides *g* empêchant la crémaillère d'avoir du jeu. Sur un de ces guides sont deux vis de pression *v'v''* arrêtant la crémaillère et par suite la règle à la hauteur voulue.

Manière d'opérer. — Soit A B, la ligne à chaîner. On place le théodolite à l'un des points, B par exemple, si l'on veut chaîner de A en B, et un jalon aussi délié que possible au point A.

L'opérateur porte à partir du point A, à 5 centimètres près, une longueur égale à la moitié de la règle, c'est-à-dire 2 mètres. A ce point il dresse un jalon que l'aide du théodolite fait placer dans le plan vertical A B. Lorsque cette condition est remplie, l'opérateur marque au sol le pied du jalon qu'il a eu le soin de tenir bien verticalement et installe le trépied d'une règle de manière que lorsque le plateau est horizontal, l'axe vertical de la crémaillère passe par le point précédemment occupé par le pied du jalon. L'aide du théodolite vise de nouveau le trépied et fait rectifier la position du pivot s'il y a lieu, c'est à dire s'il n'est pas contenu par le plan vertical AB.

L'opérateur dispose la première règle sur le pivot horizontal et presque dans l'alignement à chaîner; il engage dans la machoîre t la vis de rappel v, afin qu'en agissant sur celle-ci on amène la bulle du niveau entre ses repères.

La règle est exactement établie dans le plan vertical A B au moyen du pivot vertical rs, semblable à celui du niveau à bulle d'air, muni d'une vis de pression p' pour fixer la règle au point voulu.

L'extrémité postérieure de la règle devrait se trouver à ce moment sur la verticale passant par le point A. On comprend qu'il est difficile que cette condition soit remplie; aussi projette-t-on l'extrémité de cette règle sur le sol au moyen d'un fil à plomb, et l'on mesure, aussi exactement que possible, la quantité à ajouter ou à retrancher qui existe entre le point A et le point projeté.

L'opérateur dispose le deuxième trépied en suivant les prescriptions indiquées pour le premier, et ayant soin que son axe vertical soit de 4 mètres à $4^m,05$ de l'axe du premier, de manière que l'extrémité postérieure de la deuxième règle arrive à moins de 0,05 de l'extrémité antérieure de la première. On mesure l'espace compris au moyen d'un coin gradué (fig. 36), qu'on introduit sans force, de manière que la tête du coin soit horizontale. Ce coin peut être construit en laiton; il doit être muni d'un fil à plomb pour s'assurer de l'horizontalité de la tête.

Fig. 36.

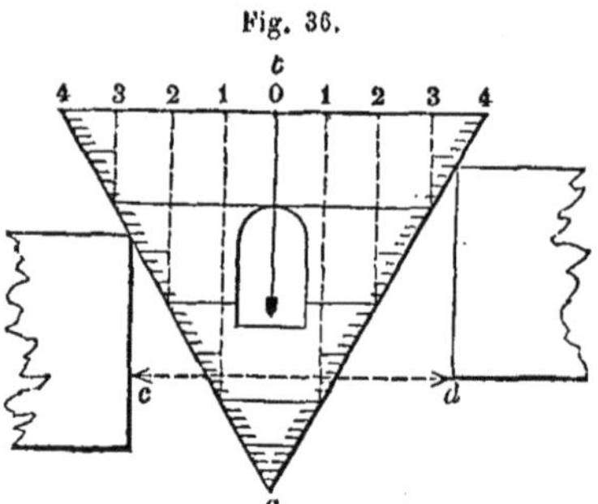

Il est tenu à la main par l'opérateur. La graduation part de l'axe ab; elle est en centimètres et en millimètres; ces derniers se comptent sur les côtés du coin au moyen des divisions horizontales espacées de façon que la projection, sur la tête du coin, de deux d'entre elles consécutives ait une valeur d'un millimètre. Dans la position qu'occupent les deux règles sur la figure, leur écartement est donné par la somme des lectures, $2,7 + 3,4 = 6^c,1$; ainsi l'écartement total cd est de 61 millimètres.

On peut remplacer ce coin par une languette, graduée en millimètres, portée par une des règles, qu'on fait jouer au moyen d'une vis et qui vient s'appliquer contre l'extrémité de la deuxième règle.

La graduation permet de lire la valeur de l'espace compris entre les deux règles.

On tient compte de toutes ces petites distances, et le nombre de stations multipliées par la longueur de la règle, augmenté des petits espaces mesurés au moyen du coin, donne la valeur AB qu'on chaîne une deuxième fois et plus s'il est nécessaire.

Pour de grandes distances à chaîner on devra tenir compte de la température et de la dilatation de la règle, ainsi que de la hauteur au-dessus du niveau de la mer à laquelle l'on opère.

2° *Pose des points.*—La triangulation étant, en général, le premier travail que l'on fait dans une concession, on doit, pour procéder convenablement à la pose des points, se servir d'un calque du plan cadastral, s'il est possible toutefois d'en avoir un ; on y tracera la position de la base et les points culminants si le terrain est accidenté, de manière qu'en les joignant, on forme des triangles, nous ne dirons pas équilatéraux, mais se rapprochant le plus possible de cette forme.

Le canevas ainsi tracé, chaque point reçoit un numéro d'ordre et est déterminé, dans les roches solides, par un trou au fleuret de $0^m,02$ de diamètre et d'une profondeur de 0,04 ; dans les terrains meubles, par un fort piquet de $0^m,30$, enfoncé à coups de marteau, dans lequel on plante un clou dont la tête détermine le point.

3° *Mesure des angles.* — Le théodolite établi à l'un des points de la base et les jalons, avec drapeaux rouge et blanc, placés aux points qu'on juge pouvoir être observés pour déterminer des triangles convenables, on visera le deuxième point de la base, le zéro du vernier coïncidant avec celui du limbe ; faisant mouvoir la règle de l'instrument, on observera successivement les angles formés par cette base et les différents points jalonnés. Ces angles sont inscrits par un aide sous la dictée de l'opérateur. On observe ensuite le supplément de chaque angle à 360 degrés. On recommencera l'opération pour l'angle dont la somme avec son supplément varie au delà d'une minute en plus ou en moins (*).

On passe au deuxième point de la base, et après avoir fait coïncider le zéro du vernier avec celui du limbe, on vise les différents jalons en observant l'angle que fait la base avec chaque ligne dé-

(*) Cette appréciation dépend du degré d'importance de l'opération.

terminée par un jalon. On inscrit chaque angle à sa colonne respective et on observe ensuite leur supplément à 360°.

Deux angles de chaque triangle ainsi formé et la base connue déterminent ce triangle, car le troisième angle, opposé à la base, peut être connu par différence, et les deux autres côtés par les calculs trigonométriques très-simples ; néanmoins on doit passer à chaque point pour observer ce troisième angle et s'assurer que la somme des angles est bien égale à deux droits ou 180°. On ne doit pas laisser exister une erreur supérieure à une minute en plus ou en moins.

A chaque point où stationnera l'instrument, on visera ceux des points qui, avec le concours d'une base, donneront des triangles dont les côtés seront dans les conditions voulues.

Ces triangles vérifient l'exactitude des points posés.

Ainsi dans la fig. 37, après avoir observé les angles de la base 1-2, qui sont au point 1 : 7.1.2, 6.1.2, 5.1.2, 4.1.2, 3.1.2, et leur supplément, on peut observer encore 6.1.5, 6.1.4, angles appartenant aux triangles 6.1.5, 4.1.6, dont les côtés paraissent dans de bonnes conditions pour leur résolution.

Fig. 37.

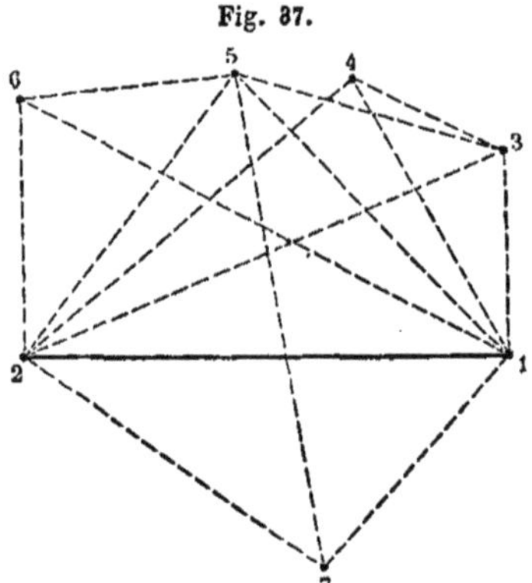

Au point 2, après avoir observé 1.2.7, 1.2.6, 1.2.5, 1.2.4, 1.2.3, on peut encore observer 6.2.5, 7.2.5, 6.2.3, 4.2.3,... à chaque point on peut en faire de même et se réserver ainsi une foule de vérifications qu'on ne doit pas négliger.

Une deuxième base sera établie aussi loin que possible de la première, et les extrémités feront partie de la triangulation. Il faudra donc que la longueur horizontale, calculée au moyen des triangles, coïncide avec la longueur chaînée. C'est une vérification essentielle.

Les calculs des triangles ainsi relevés entrent dans la résolution des triangles quelconques, connaissant un côté et les trois angles. On sait, d'après les principes trigonométriques, que les côtés d'un triangle quelconque sont proportionnels aux sinus des angles opposés

On posera donc dans le triangle (fig. 38) dont on connaît AB et les angles :

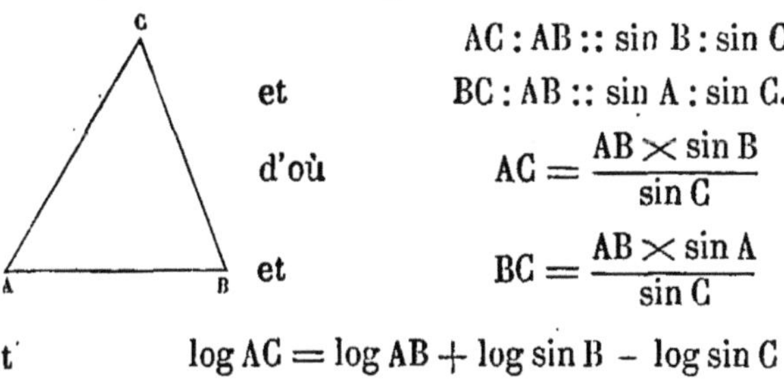

Fig. 38.

$$AC : AB :: \sin B : \sin C$$

et

$$BC : AB :: \sin A : \sin C.$$

d'où

$$AC = \frac{AB \times \sin B}{\sin C}$$

et

$$BC = \frac{AB \times \sin A}{\sin C}$$

et

$$\log AC = \log AB + \log \sin B - \log \sin C$$

et

$$\log BC = \log AB + \log \sin A - \log \sin C;$$

les nombres correspondants donnent les longueurs cherchées.

Le modèle des feuilles que nous donnons à la fin indique le type du calcul à faire.

Les triangles ainsi résolus, il reste encore à faire pour chaque point ce qu'on a fait pour les points relevés au théodolite, c'est-à-dire, d'orienter chaque ligne par rapport au plan méridien astronomique, et de rapporter chaque point par rapport à trois plans fixes se coupant au point origine. Un point trigonométrique au centre des travaux devient le point origine. On trace par ce point, ou par tout autre point trigonométrique, une méridienne, et il est dès lors, facile d'orienter ces différentes lignes par rapport au plan méridien.

TYPE DU CALCUL.

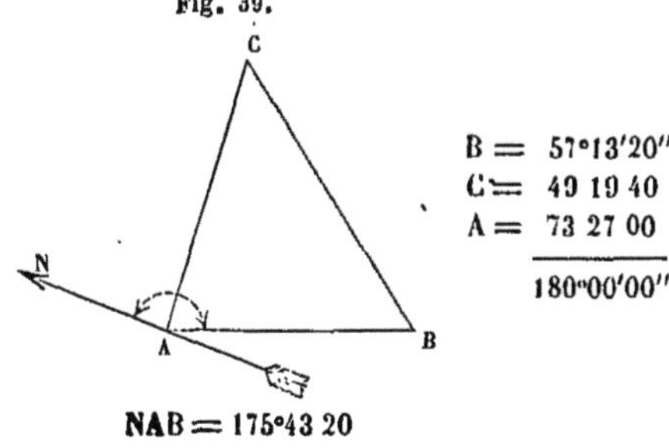

Fig. 39.

NAB = 175°43 20

B = 57°13′20″
C = 49 19 40
A = 73 27 00
180°00′00″

AB (fig. 39) est connu en longueur et direction.

Les côtés BC et AC sont déterminés comme il a été dit.

Les directions BC et CA sont données par la formule $a + x - 180° = b$; c'est-à-dire que si l'on a

175° 43′ 20″ pour la direction AB,

angle B = 57 13 20
C = 49 19 40
A = 73 27 00

180 00 00

on posera 175° 43′ 20″
\+ 57 13 20

232 56 40
—180

52 56 40
\+ 49 19 40

102 16 20
\+180

282 16 20
\+ 73 27 00

355 43 20
—180

175 43 20 exact.

Portant chaque direction à sa colonne respective, on réduira es angles au cadran et l'on cherchera la longitude et la latitude par les moyens connus. Si l'on a bien calculé, chaque triangle étant un polygone, on doit trouver au dernier point les coordonnées du point de départ.

Chaque point de la triangulation sera nivelé exactement au moyen du niveau à bulle d'air. Tous les levers d'affleurements et autres levers extérieurs, au moyen de la boussole suspendue ou carrée, devront se raccorder à ces points à moins d'un mètre près.

Problème III.

TRACÉ D'UNE LIGNE DROITE SUR LE TERRAIN.

Trois cas sont à considérer : 1° D'une extrémité de la lign on peut voir l'autre ; 2° D'un point intermédiaire seulement on peut voir les deux extrémités à la fois; 3° Il n'existe pas de points desquels ou puisse voir les deux extrémités à la fois.

Premier cas. *D'une extrémité de la ligne on peut voir l'autre.*

Fig. 40.

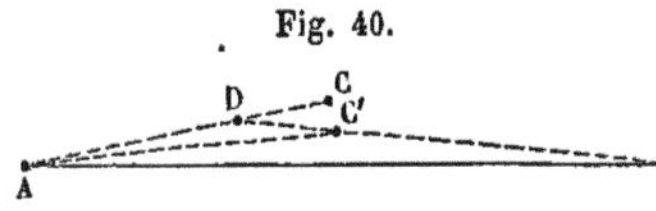

Il suffit de placer l'instrument au point A, par exemple (fig. 40), de viser B et de faire piqueter convenablement la distance AB. Si les points A et B sont inaccessibles et qu'on soit obligé d'opérer entre eux, le géomètre établit l'instrument en un point quelconque C, vise A, par exemple, et fait placer un jalon sur cet alignement en D; on transporte l'instrument en D et l'on vise B; sur cet alignement on place un jalon en C', par exemple, l'opérateur se porte en C', vise A, et ainsi de suite jusqu'à ce qu'on arrive sur la ligne AB, ce qu'on reconnaît lorsque en visant une extrémité A ou B l'avant dernier point placé se trouve contenu dans cet alignement.

Deuxième cas. *Les deux extrémité sont visibles d'un point intermédiaire.*

Fig. 41.

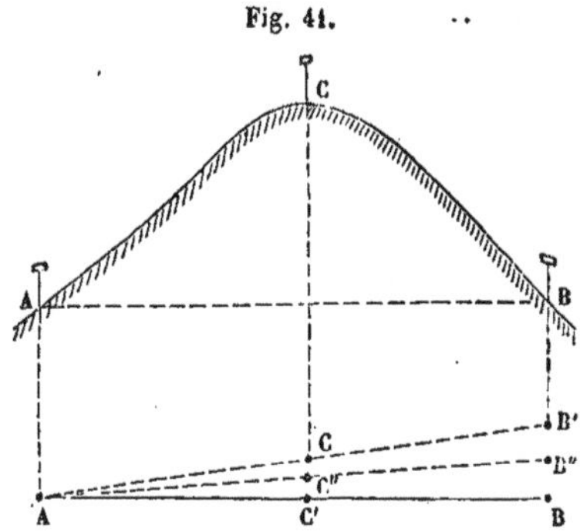

Soient A et B (fig. 41) deux points qu'on veut joindre par un alignement droit, et soit C le point intermédiaire duquel on peut voir A et B. Deux jalons déterminant ces deux points on place le théodolite ou pantomètre au point C qui généralement se trouve sur la crête d'une montagne. On vise un des points, A, par exemple, et l'on prolonge cet alignement en arrière par le retournement de la lunette ou par un mouvement de bascule de celle-ci, si l'on emploie le pantomètre. Soit ACB' l'alignement prolongé vers B. On fait placer un jalon au point B' de manière que la distance AB' soit à peu près égale à AB; si l'on connaît à peu près les distances AC et CB', les aides mesureront BB' et transmettront cette distance à l'opérateur par signaux. Ils devront être munis d'une bonne lunette afin de pouvoir comprendre facilement les signaux de l'opérateur; celui-ci observe les signes des aides avec la lunette de l'instrument et pose grossièrement la proportion lui donnant CC′ ou la distance qu'on aura à parcourir pour se placer sur l'alignement AB, à peu de chose près. Cela fait on vise un des points et l'on retourne la lunette, si le réticule tombe sur l'autre point, l'axe de l'instrument est au point voulu et l'on n'a qu'à faire piqueter AC′ et C′B, si non, au moyen du chariot transporter cet axe jusqu'à ce que la position de l'instrument réponde à la solution cherchée. Il n'est pas rare que lorsqu'on emploie le chariot pour faire avancer l'instrument, on dérange le niveau ; il faudra donc, avant de se servir de la lunette, régler l'horizontalité du limbe.

Si l'on ne connaît pas les distances AC et CB, on opère par tâtonnements, c'est-à-dire que, si par le retournement de la lunette à 180° bout pour bout, après avoir visé le point A, par exemple, on ne tombe pas sur le point B, on porte le trépied à droite ou à gauche suivant le sens voulu d'une quantité qu'on apprécie à l'œil; on répète l'opération ci-dessus, et ainsi de suite jusqu'à ce qu'on arrive sur l'alignement. On peut simplifier cette opération en chaînant le premier écartement BB′ et le deuxième BB″ ainsi que la quantité CC″ dont on s'est avancé vers la ligne AB, et posant la proportion CC″:B′B″::CC′:BB′. CC′ donnera l'écartement total, et C′C″, qui égale CC′ — CC″, la distance dont on devra avancer pour rencontrer l'alignement AB.

Troisième cas. — *Il n'existe pas de points intermédiaires desquels on puisse voir les deux extrémités à la fois.* — On tracera deux alignements quelconques partant d'un des points, A par exemple, (fig. 42), se rapprochant le plus possible de l'alignement AB. On mesure l'angle formé par ces deux alignements et la distance BB′ et B′B″; on établit la proportion : angle i : B′B″ :: angle x : BB′ et l'on tire la valeur de l'angle qu'il faudra faire avec le premier ou deuxième alignement pour tomber sur le vrai. On n'aura qu'à modifier très-peu la ligne tracée par ces moyens si l'on a bien opéré. Dans

Fig. 42.

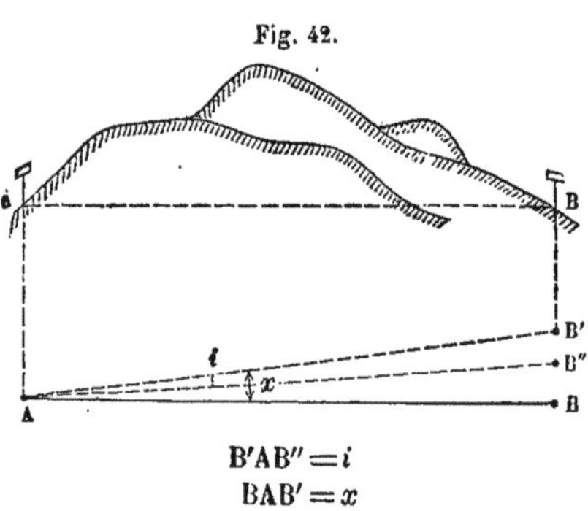

B′AB″ = i
BAB′ = x

tous les cas on est sûr de s'approcher du point B sans trop de tâtonnements.

Une méthode expéditive et sûre, surtout lorsqu'on a une triangulation exacte, consiste à joindre les deux points A et B à cette triangulation et à calculer au moyen des coordonnées absolues (longitude et latitude) des points A et B la direction de la ligne AB. Posant alors l'instrument au point A ou B, A par exemple (fig. 43), on vise le point trigonométrique le plus éloigné du point A (on a calculé d'avance la direction de la ligne passant par ce point et le pôint trigonométrique, et l'angle que fait cette ligne avec la ligne AB), et l'on fait décrire à la règle l'angle voulu.

Fig. 43.

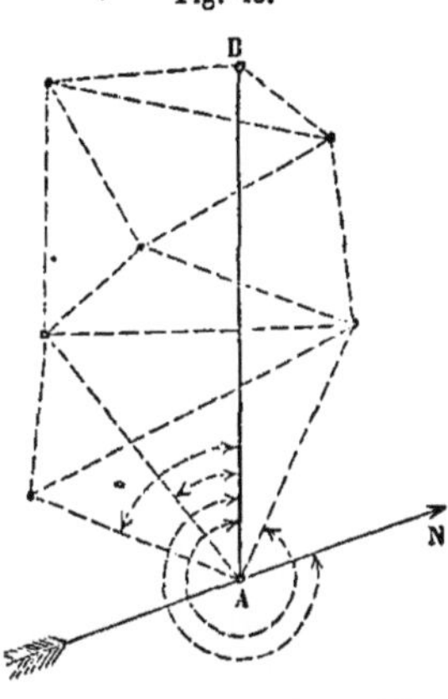

NAB direction de la ligne AB.

On détermine cet alignement par un ou plusieurs piquets placés aussi loin que possible. On vise un deuxième point trigonométrique, l'instrument étant placé toujours au point A; (on a calculé la direction de la ligne joignant ce point trigonométrique au point A et l'angle que forme cette ligne avec AB). Ce nouvel alignement doit passer par les piquets déjà posés ou différer de très-peu.

On porte ensuite l'instrument au piquet le plus éloigné sur l'alignement AB, et, après l'avoir mis en station sur la moyenne des points placés, si les alignements déterminés avec les points trigonométriques ne tombent pas au même point, on prolonge cet alignement par le retournement de la lunette aussi loin qu'on le peut. On porte ensuite l'instrument à ce point et visant le point qu'on a quitté on prolonge le même alignement par le retournement de la lunette, et ainsi de suite jusqu'au point B. Si la triangulation est exacte et si l'on a bien opéré, on doit tomber sur le point B à peu de chose près.

Problème IV.

TRACÉ DES COURBES A L'INTÉRIEUR.

Les éléments nécessaires au tracé des courbes sont : le rayon, l'angle au centre et la tangente. Généralement le rayon est connu et l'on calcule l'angle au centre et la tangente. Soient (fig. 44) AC et BC deux alignements droits se rencontrant au point C, soit R le rayon ; on calcule l'angle ACB au moyen de la formule donnée, page 65, $a + x - 180 = b$, la direction des alignements droits étant connue ; l'angle au centre égale ACB — 180°, c'est-à-dire que ces deux angles sont supplémentaires. En effet, prolongeons AC jusqu'en D, l'angle DCB, supplément de ACB, égale AOB comme ayant ses côtés respectivement perpendiculaires; AOB est donc le supplément de ACB.

Fig. 44.

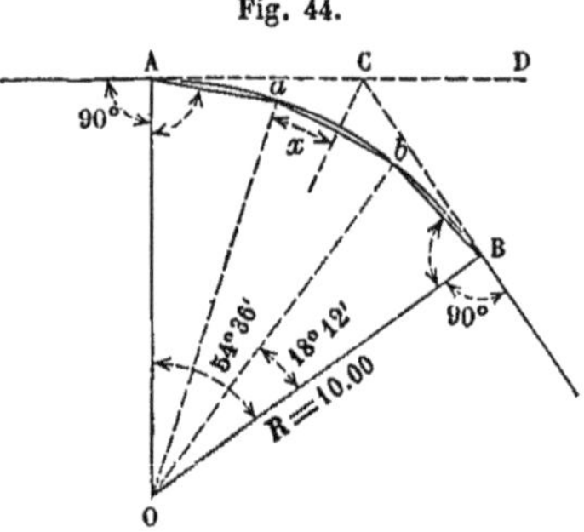

O angle au centre = 54°36,
C angle des tangentes = 125°24,
x moitié de la corde d'un secteur tel que AOa,
AOa=OaA=Oab=Oba=ObB=OBb=80°54,
Aab = abB = 161°48,
R rayon = 10m.00.

On divise cet angle en un certain nombre de parties égales, de manière que la corde d'une partie se rapproche assez de l'arc de cercle qu'elle sous-tend. Généralement 5 à 6 mètres suffisent pour un rayon de 10 mètres. On calcule ensuite l'angle que font entre eux ces différents éléments et l'on reproduit ces angles sur le terrain en plaçant en arrière le deuxième point de direction. Le mineur suit cette direction pendant la longueur de la corde et attend qu'on ait placé une nouvelle direction pour recommencer son travail.

Exemple : Soit R = 10m.00; direction AC = 175° 20'; direction CB = 120° 44'; l'angle ACB sera égal à 125° 24', d'après la formule, et l'angle au centre = 54° 36'. Divisons cet angle en trois parties égales, $\frac{54°\,36'}{3} = 18°\,12'$; chaque corde correspondra donc à un angle de 18° 12' et sera la base d'un triangle isocèle dont les côtés sont égaux au rayon; les angles égaux seront

$$\frac{180° - 18°12'}{2} = \frac{161°\,48'}{2} = 80°\,54'.$$

L'angle à faire pour donner la direction de la première corde sera $90° + 80° 54' = 170° 54'$, les angles des deux autres cordes égaleront $2 \times 80° 54' = 161° 48'$. La direction de la droite CB sera obtenue par un angle de $170° 54'$. La longueur de chaque corde s'obtient en résolvant le triangle dont elle est la base, ou bien en résolvant le triangle rectangle qu'on forme en joignant le centre au milieu de cette corde et doublant la valeur trouvée. Ainsi, on posera :

$$(1) \qquad x = R \times \sin \alpha = 10 \times \sin 9°6'$$

$$(2) \qquad 2x = \frac{R \times \sin 18°12'}{\sin 80°54'} = \frac{10 \sin 18°12'}{\sin 80°54'}$$

x étant la moitié de la corde.

Solution de la formule (1) :

$$\begin{array}{rl} \log 10 = & 1.0000000 \\ + \log \sin 9°6' = & 9.1990913 \\ \hline & 10.1990913 \end{array}$$

n. cor. = 1.581 qui multiplié par 2 donne 3.162.

Solution de la formule (2) :

$$\begin{array}{rl} \log 2x = \log 10 = & 1.0000000 \\ + \log \sin 18°12' & 9.4946205 \\ \hline & 10.4946205 \\ - \log \sin 80°54' & 9.9944992 \\ \hline & 0.5001213 \end{array}$$

n. cor. = 3.163

Un deuxième procédé consiste à opérer sur les derrières. Soit A (fig. 45) le point de tangence et AB l'alignement droit. On porte sur cet alignement à partir de A une longueur quelconque, $3^m.00$ par exemple, et on élève à ce point une perpendiculaire cd d'une longueur donnée par le calcul suivant : $OE = \sqrt{R^2 - l^2}$ dans le triangle rectangle OEF où $R =$ le rayon de la courbe et $l =$ la distance arbitraire prise sur l'alignement AB, $= EF = AC' = AC$. $AE = C'F = cd$. Or $AE = R - OE$; remplaçant les lettres par leur valeur on trouve la longueur de la perpendiculaire élevée au point c : les points d et A déterminent l'alignement que les mineurs devront suivre pendant une longueur $AF = Ad$ calculée par la résolution du triangle A*cd*. Au point F et sur l'alignement AF on répète les mêmes constructions que sur l'alignement AB.

Exemple : Soit à tracer une courbe ayant $15^m.00$ de rayon. Calculons la perpendiculaire *cd* pour une distance de $4^m.00$ prise sur l'alignement AB; $cd = R - OE$, or $OE = \sqrt{R^2 - l^2} = \sqrt{225 - 16} = \sqrt{209} = 14.45$; $cd = 15 - 14.45 = 0.55$.

Fig. 45.

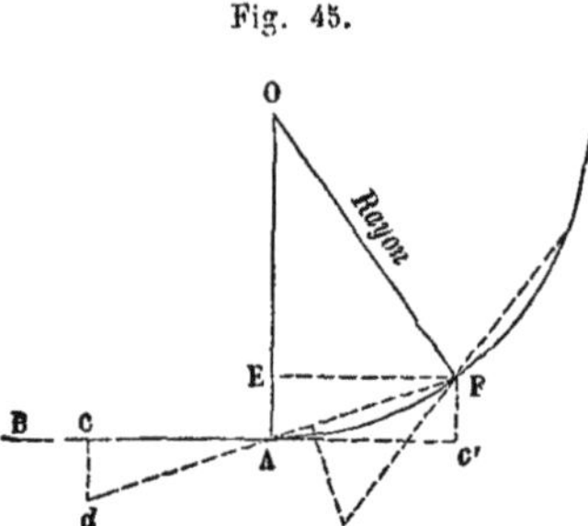

Ainsi on portera sur la perpendiculaire élevée au point *c* une distance de 0.55, l'extrémité et le point A déterminent l'alignement que l'on fera suivre pendant une distance déterminée par la résolution du triangle *cd*A où $dA = \sqrt{4^2 + 0.55^2} = \sqrt{16.3025} = 4.037$. Le point déterminé par cette distance est un point de la courbe. On répète sur l'alignement déterminé par ce dernier et le point A les mêmes opérations que sur l'alignement AB.

Problème V.

PERCEMENTS.

Tout percement étant en rapport avec l'importance de la voie projetée, nous diviserons les percements en deux classes :

1° Percements des travaux secondaires.

2° Percements des voies principales.

I. Percements des travaux secondaires.

Il suffit parfois pour faire communiquer deux tailles quelconques de prendre la direction de la ligne qui joint les deux points voulus au moyen du rapporteur en corne, de réduire cette direction en direction magnétique et faire marquer à l'aiguille de la boussole, au point voulu sur le terrain, l'angle qui lui convient; un deuxième point est fixé au toit et détermine l'alignement que le mineur devra suivre pour arriver au lieu désigné. Si ce percement doit être attaqué du côté opposé, au point voulu on donnera la direction magnétique ci-dessus, augmentée ou diminuée de 180°.

La direction magnétique d'une ligne, dont on a pris la vraie sur le papier, s'obtient en additionnant la déclinaison de la boussole qu'on doit employer à la direction vraie de cette ligne, si cette boussole est notée inversement et si la déclinaison est à l'ouest; en retranchant si la notation est directe et la déclinaison ouest.

On conçoit que cette méthode de percement ne peut guère s'employer que dans les cas très-ordinaires de voies secondaires dont le développement à percer est très-faible.

Pour peu qu'une voie présente d'importance, on devra rattacher à la boussole suspendue les deux points à mettre en communication et les rapporter à la méthode dite des trois plans coordonnés, en prenant un des points pour origine ou non, peu importe. Rapporter ce lever sur le plan de détail devant contenir la voie ou sur un plan spécial, et calculer, comme nous le dirons bientôt, les trois éléments qui sont nécessaires : direction, longueur et différence de niveau.

On fait l'opération une deuxième fois en sens inverse, et si la différence des coordonnées ainsi obtenues n'est pas trop grande, on prend la moyenne pour le calcul des trois éléments ci-dessus.

Dans les mines de houille, on a souvent besoin, pour avancer le traçage, d'attaquer un niveau en deux ou plusieurs points. On se sert alors d'un bon niveau à perpendicules (demi-cercle), et, partant d'un point déterminé, on se dirige vers les points d'attaque.

L'opérateur fait tendre fortement le cordeau, observe exactement les angles accusés par le fil à plomb à $\frac{1}{8}$ de degré près et chaîne avec un aide les différentes stations. Arrivé aux environs du point d'attaque, il calcule au moyen des tables de sinus les stations relevées, si le dernier point, eu égard à la pente qu'on doit donner à la galerie et à la distance horizontale des deux points d'attaque, est à la cote voulue, on n'a qu'à faire attaquer le niveau à la hauteur de ce point. Sinon, descendre ou monter verticalement ce point de la quantité qui lui convient et, s'il est nécessaire, faire une station de plus ou retrancher la dernière. Un troisième point d'attaque peut être placé comme le deuxième par rapport au premier, et ainsi de suite. On fait l'opération une deuxième fois en sens inverse pour vérifier l'exactitude des points posés.

II. Percements des voies principales.

Soient A et B deux points à mettre en communication par une galerie devant servir au roulage, à l'écoulement, etc., etc., et devant avoir une direction en ligne droite et une pente uniforme. On raccordera les deux points A et B au moyen du théodolite ou du pantomètre en déterminant, en un point du polygone, une ligne de base dont la direction vraie sera connue; un des points pourra être ou non l'origine des coordonnées. On fera l'opération une deuxième et troisième fois si on le juge nécessaire en changeant la base et tous les points du polygone, sauf les points A et B. Les coordonnées d'un de ces points par rapport à l'autre doivent être les mêmes dans les deux cas, ou différer de très peu.

Après chaque opération, les directions des stations ayant pour sommet A et B seront observées au moyen de la boussole suspendue ou au moyen du déclinatoire du pantomètre. Elles devront être respectivement égales à celles de ces lignes déduites par la formule donnée page 65. Pendant cette observation un aide relèvera la déclinaison avec une boussole préalablement comparée avec le déclinatoire du pantomètre ou avec la boussole de l'intérieur. Le nivellement se fera deux fois avec le niveau à bulle d'air, du point A au point B et de celui-ci au point A; les différences de niveau trouvées devront être égales à moins d'un centimètre. Possédant exactement les coordonnées absolues des deux points on déduit la direction, la longueur en hypoténuse, l'horizontale et la pente de la ligne AB.

Soient a, b, c, les coordonnées du point B et zéro, les coordonnées du point A, en supposant qu'on ait établi l'origine à ce point. Il est facile de voir par la fig. 46 que AB′ étant la longueur horizontale, b et c sont la longitude et la latitude du point B (*), et les deux côtés d'un triangle rectangle dont cette longueur est l'hypoténuse et dont un angle aigu, B′ = NAB′, est la direction de cette ligne. Si l'on veut connaître cette direction, on posera, d'après un

Fig. 46.

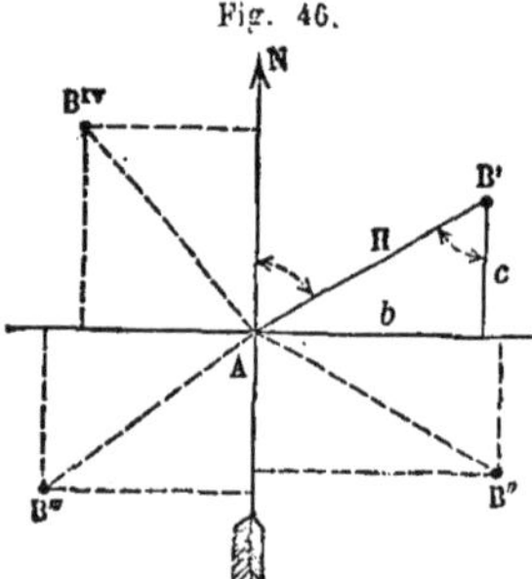

(*) a, altitude, sera considéré plus loin.

théorème de trigonométrie : $\tang B' = \frac{b}{c}$, et en appelant d l'angle de direction réduit au cadran : $\tang d = \frac{b}{c}$ (1). Cette formule est vraie pour toutes les positions du point B autour du point origine, il est facile de s'en convaincre par la figure ci-dessus. Les signes affectant b et c annoncent que l'angle aigu provient de tel cadran : on peut, par suite, revenir à la direction de la ligne par les formules données page 74. La longueur horizontale AB', que nous appellerons H, sera connue par la formule : $H = \frac{b}{\sin d}$, ou $H = \frac{c}{\cos d}$, d étant la direction réduite au cadran ou l'angle donné par la formule : $\tang d = \frac{b}{c}$. Connaissant la distance horizontale et la différence de niveau a (fig. 47), on aura l'angle d'inclinaison en posant $\tang i = \frac{a}{H}$, c'est-à-dire, en divisant la cote du point B par la longueur horizontale. L'angle d'inclinaison connu, on déduit la longueur suivant l'hypoténuse en posant $L = \frac{a}{\sin i}$, c'est-à-dire, en divisant la cote du point B, par rapport à A, par le sin. de l'angle d'inclinaison.

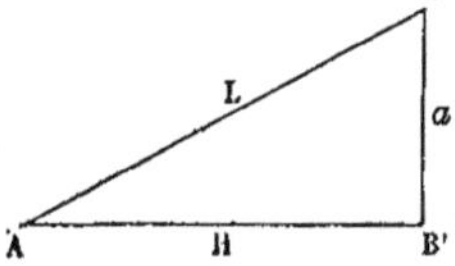

Fig. 47.

On déduit aussi la longueur H de la formule

$$H^2 = b^2 + c^2 \text{ et } H = \sqrt{b^2 + c^2}$$

la longueur en hypoténuse devient

$$L^2 = H^2 + a^2 = a^2 + b^2 + c^2 \quad \text{et} \quad L = \sqrt{a^2 + b^2 + c^2}.$$

C'est la diagonale du parallélipipède rectangle construit sur les coordonnées a, b, c du point B.

La pente par mètre se déduit en divisant a par H $\left(\frac{a}{H}\right)$, c'est d'après cette donnée qu'on construit les règles servant à la pose de la voie ferrée. Toutes ces formules se déduisent de figures très-simples.

Si l'on n'a pas fait l'origine d'un des points, A ou B, les deux points peuvent se trouver dans le même cadran ou dans des cadrans différents.

Dans l'un et l'autre cas, la formule (1) ci-dessus est vraie, avec la différence que le numérateur et le dénominateur s'obtiennent en faisant la soustraction algébrique des longitudes et des latitudes absolues des deux points, considérant comme le plus grand nombre de la soustraction la valeur (longitude ou latitude) du point vers lequel on se dirige. On sait que cette soustraction s'effectue en plaçant le nombre à soustraire à la suite du premier avec un signe contraire, en retranchant si les signes sont différents et donnant au résultat le signe du plus grand nombre; en ajoutant si les signes sont les mêmes et donnant au résultat le signe commun.

Ainsi, faisant abstraction des altitudes, soient

$+b+c$, les coordonnées (long. et lat.) du point A,
$+b'+c'$, les coordonnées (long. et lat.) du point B,

les deux points sont dans le même cadran et l'on veut aller de A en B.

Quelle que soit la position de B par rapport à A dans ce cadran, on peut voir, en construisant le triangle rectangle dont les deux côtés se dirigent l'un suivant la ligne N. S., l'autre suivant la ligne E.O, que ces deux côtés sont les différences des longitudes et des latitudes des points B et A, aussi on posera :

$$\text{Tang}\, d = \frac{+b'-b}{+c'-c} = \frac{y}{z}$$

Si b' est $>$ que b le signe du numérateur sera le même que celui de b', si b' est $<$ que b on retranchera b' de b et le signe du résultat sera celui de b. Il en est de même de $c'-c$ (*) ; ainsi, suivant les valeurs de b et c on arrive aux résultats suivants :

$$\frac{+y}{+z},\ \frac{+y}{-z},\ \frac{-y}{-z},\ \frac{-y}{+z}.$$

Si les points sont dans des cadrans différents on arrive aussi, en effectuant la soustraction algébrique, à un des quatre résultats

(*) Si $b'=b$, la direction de la ligne est NS
Si $c'=c$. *id.* EO.

ci-dessus (*), ce qui annonce que l'angle appartient au cadran à qui ces signes conviennent. On revient à la direction de la ligne par les formules données à la page 74.

La longueur horizontale sera connue par la formule

$$H = \frac{b' - b}{\sin d}$$

ou

$$H = \frac{c' - c}{\cos d}.$$

Connaissant la distance horizontale et la différence de niveau $a' - a$, l'angle d'inclinaison sera :

$$\text{tang } i = \frac{a' - a}{H} = \frac{(a' - a)\sin d}{(b' - b)} = \frac{(a' - a)\cos. d}{(c' - c)}.$$

Connaissant l'angle d'inclinaison on déduit la longueur en hypoténuse $L = \frac{a' - a}{\sin i}$.

La longueur horizontale est aussi donnée par la formule

$$H^2 = (b' - b)^2 + (c' - c)^2 \qquad (2)$$

d'où

$$H = \sqrt{(b' - b)^2 + (c' - c)^2} \qquad (3)$$

et la longueur en hypoténuse par la formule $L^2 = H^2 + (a' - a)^2$, où on remplace H^2 par sa valeur prise dans la formule (2)

$$L^2 = (b' - b)^2 + (c' - c)^2 + (a' - a)^2$$

et

$$L = \sqrt{(a' - a)^2 + (b' - b)^2 + (c' - c)^2}. \qquad (4)$$

Cette longueur n'est autre chose que la diagonale du parallélipipède construit sur la différence des coordonnées des deux points; on sait que cette diagonale égale la racine carrée de la somme des carrés de trois arêtes aboutissant à un même sommet (**).

Ayant déterminé la direction de la ligne AB on calcule par la formule $a + x - 180°$ (page 65) l'angle qu'il faudra faire avec la ligne du polygone ayant pour extrémité A; cet angle sera égal à

(*) Dans toutes ces formules, il ne faut pas oublier que le premier nombre du numérateur et du dénominateur est toujours la longitude et la latitude du point vers lequel on se dirige affecté du signe qui lui convient.

(**) Voir la fig. 25, page 68.

$x = b + 180° - a$, c'est-à-dire qu'à la direction vraie on ajoutera 180° et l'on retranchera la direction de la ligne précédente. Si l'on attaque du point B en même temps, la direction à donner étant différente de 180°, on calculera l'angle à donner avec la station ayant pour extrémité B par la formule ci-dessus.

Avec le pantomètre on peut vérifier exactement la direction donnée au moyen du déclinatoire.

Fig. 48.

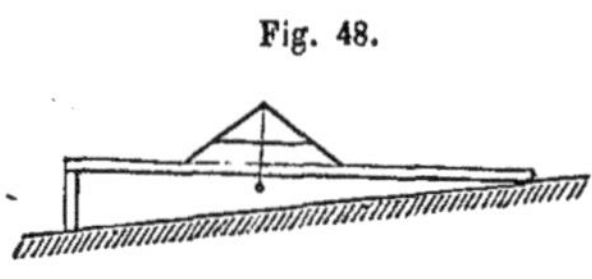

Pour donner la pente de la galerie on fait construire des règles de $3^{m}.00$ ayant un talon déterminé sur lesquelles on fixe un niveau de maçon (fig. 48).

Il arrive qu'on est obligé de donner à la galerie une direction déterminée d'avance, et qu'il faut trouver le point B où la galerie doit aboutir et par où l'on veut attaquer en même temps qu'en A.

Après avoir levé un réseau dont le dernier point est à proximité du point d'attaque B, on calcule les coordonnées de ce point en donnant une longueur horizontale arbitraire à la galerie AB, longueur qui sera la vraie si le point ainsi calculé tombe dans la galerie où l'on doit attaquer.

Avec les coordonnées du dernier point du réseau, que nous appellerons x, et celles du point B, on calculera par tang d l'angle de direction de la ligne xB et sa longueur horizontale par la formule (3) ci-devant; au moyen de la direction xB et de la direction de la ligne qui précède, on calculera l'angle à faire avec cette dernière ligne pour revenir à la direction xB; portant sur cette direction la distance horizontale calculée comme il a été dit, on tombera au point B (fig. 49).

Fig. 49.

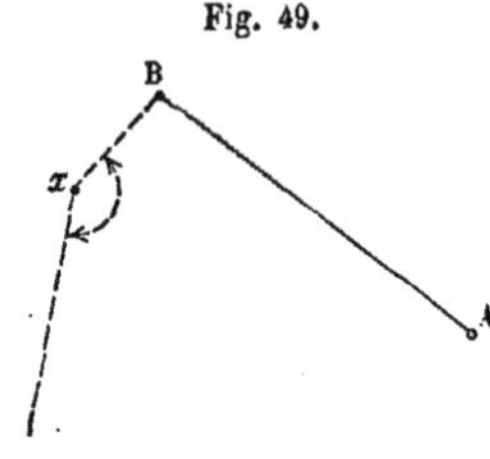

On vérifie le point A par rapport au point placé B en partant de ce point et relevant le même réseau, sans toutefois passer par les points précédents qu'on a eu le soin de détruire.

Lorsque la pente de la galerie est déterminée, le point B est placé de manière qu'avec la longueur AB et la pente voulue, il soit élevé ou abaissé d'une quantité voulue. Les formules ci-dessus en donnent le moyen.

Le percement qui consiste à déterminer un point correspondant verticalement à un autre n'exige pas plus de soins et d'attention que les percements que nous venons de décrire. Pourtant une erreur de quelques centimètres pour ces derniers n'a pas l'importance qu'on peut lui attribuer dans le cas d'un puits; toutefois, sans être exclusif, nous pensons qu'une erreur de $0^m,10$ a peu d'influence sur un puits de 4 mètres de diamètre, mais il ne faudrait pas aller au delà.

Soient A et B deux points à mettre en communication se trouvant sur la même verticale. Après avoir levé, toujours au théodolite ou au pantomètre, un réseau de manière que le dernier point x tombe à proximité du point B (*), on calcule avec les coordonnées de ces deux points, B et x, la direction et la longueur horizontale de la ligne qui les joint; et avec la direction de la station dont x est une extrémité et la direction calculée x A on détermine l'angle à faire au point x pour avoir la ligne xA; on porte sur cette ligne la longueur calculée et l'on tombe sur la projection du point A où l'on devra attaquer.

La différence de niveau donne la hauteur ou la profondeur à creuser.

L'opération partant du point B et arrivant au point A par un autre chemin, ou par le même chemin sans passer par les points précédents, devra donner même longitude et même latitude pour les points A et B.

Dans tout ce qui précède, relatif aux percements importants, nous avons considéré les points à mettre en communication A et B joints par des voies permettant l'emploi du théodolite ou du pantomètre. Il peut arriver qu'une partie du polygone à lever, soit à cause de sa faible largeur, soit à cause de l'inclinaison de la galerie, oblige d'employer un instrument moins précis que celui avec lequel on a levé le reste du polygone.

La boussole suspendue est le seul instrument qu'il soit possible d'employer. On choisit alors le modèle le plus grand afin d'apprécier facilement les $\frac{1}{8}$ de degré. On observera la déclinaison, avant et après le lever, à la méridienne si la ligne de base est orientée suivant cette méridienne, et sur la ligne de base ou toute autre ligne du polygone levé au théodolite ou au pantomètre si ces lignes sont orientées d'une manière relative.

(*) Les coordonnées, longitnde et latitude, des points A et B sont les mêmes.

Inutile de dire que cette partie du polygone, levee à la boussole suspendue, sera relevée plusieurs fois en passant par des points différents, et s'il existe un autre chemin, en raccordant les points extrêmes par ce chemin.

Néanmoins on réussit rarement à raccorder ces points comme on l'aurait fait avec le théodolite ou le pantomètre.

Cette lacune sera comblée lorsqu'on pourra relever les parties les plus sinueuses et les plus inclinées de la mine avec un instrument permettant d'apprécier les minutes (*).

Il arrive aussi que plusieurs parties du polygone ne communiquent entre elles que par des puits verticaux. Pour qu'on puisse orienter exactement les deux lignes qui aboutissent au même point d'un puits, l'un en bas, l'autre en haut, il faut prendre l'angle qu'elles font entre elles, soit au moyen du théodolite, soit en comparant leurs directions magnétiques en un moment dònné.

Le pantomètre Blanchet remplit cette dernière condition d'une manière avantageuse, puisqu'il permet d'orienter les lignes à deux minutes près.

On peut observer l'angle que font entre elles les deux lignes en projetant, au moyen de fils à plomb, dans le puits, deux points de la ligne supérieure distants l'un de l'autre autant que possible.

On place le théodolite au fonds du puits sur la verticale du point extrême et l'on vise le deuxième point plombé, ou ce qui est préférable, le fil du plomb.

On desserre la lunette et on l'amène sur la première ligne ayant son sommet au centre de l'instrument. L'angle accusé est celui que font entre elles les lignes ci-dessus. On conçoit que la moindre erreur de pointé influe beaucoup sur la détermination exacte de cet angle, car on sait que par deux points très-rapprochés on peut faire passer plusieurs lignes droites; de plus il est impossible de viser si les lunettes ne sont pas, comme celles du pantomètre, à courte portée : la plus grande ligne qu'on puisse tirer dans la plupart des puits ne dépassant pas 4 mètres.

(*) Nous avons parlé, à la fin du chap. V, d'un *passe-partout* récemment inventé par M. Santi. Nous pensons qne cet appareil remplira cette lacune, puisque son installation sera facile dans toutes les galeries, et puisqu'il permettra de lire les minutes.

Exemples de percements.

1er *Exemple* : Soient (pl. VI) $+350,21$, $-280,64$, $-637,51$, les coordonnées altitude, longitude et latitude du point A,

et $$+410,40 - 605,58 - 524,41$$

les coordonnées altitude, longitude et latitude du point B.

$$\text{Tang}\,d = \frac{-605,58 + 280,64}{-524,41 + 637,51} = \frac{-324,94}{+113,10},$$

on effectue la division jusqu'à la quatrième décimale et l'on cherche le logarithme de ce nombre. Ce log. est le log. tang. de l'angle réduit au cadran, il suffit alors, pour avoir cet angle, de chercher à la colonne des tangentes ce log. et voir l'angle qui lui correspond; les signes du numérateur et du dénominateur indiquent que l'angle aigu provient du quatrième cadran et qu'il faudra soustraire cet angle de 360° pour avoir la direction de la ligne AB.

$$\frac{324,94}{113,10} = 2,8730 \text{ dont le log} = 0,4583356$$

c'est le log. tang. de l'angle aigu cherché; le log. qui s'en rapproche le plus en moins étant 0,4583287, l'angle correspondant est 70° 48′ 30″ qui, ôté de 360, donne la direction de la ligne AB.

$$360° - 70°48'30'' = 289°11'30''.$$

Appliquant les formules de la page 107, on trouve

Longueur horizontale :

$$H = \frac{324,94}{\sin 70°48'30''} \quad \text{ou} \quad H = \frac{113,10}{\cos 70°48'30''}$$

$$\log H = \log 324,94 - \log \sin 70°48'30'',$$

ou $$\log 113,10 - \log \cos 70°48'30.$$

log 324,94 =	2,5118032	log 113,10 =	2,0534626
—log sin 70°48′30″	9,9751671	—log cos 70°48′30″	9,5168384
	2,5366361		2,5366242
	42		16
	19		26
H =	344,061		
	344,052	H =	344,052
Différence. . .	0,005		

Angle d'inclinaison :

$$\text{tang } i = \frac{+410,40 - 350,21}{344,06} = \frac{+60,19}{344,06} = 0,175;$$

c'est la pente par mètre. Le signe du numérateur indique que la pente est montante.

$$\begin{array}{lr} & \text{log. } 0,175 = 9,2430380 \\ \text{log. tang. le plus près en moins} & = 9,2429824 \\ \text{angle correspondant} & 9°55'30'' \end{array}$$

Longueur en hypoténuse : $L = \dfrac{60,19}{\sin 9°55'30}$

$$\text{Log L} = \log 60,19 - \log \sin 9°55'30''$$

$$\log 60,19 = 1,7795243$$

$$\log \sin 9°55'30'' = 9,2364338$$

$$2,5430905 = 349,213$$

$$\begin{array}{r} 867 \\ \hline 38 \end{array}$$

Employant la formule (4)

$$L = \sqrt{(60,19)^2 + (324,94)^2 + (113,10)^2}$$

$$L = \sqrt{3622,8361 + 105586,0036 + 12791,6100}$$

$$L = \sqrt{122000,4497} = 349,28$$

au lieu de 349,21 : l'erreur provient de ce que, dans la formule précédente, l'angle d'inclinaison i n'est pas exactement 9°55'30''; aussi est-il préférable d'employer, pour la recherche de ces distances, le moyen ordinaire aux logarithmes. Il convient même d'employer l'un et l'autre moyen comme vérification.

La direction de la ligne du polygone ayant pour extrémité A étant de 334°48'10'', on déduit par l'emploi de la formule (1) page 65, l'angle à faire avec cette ligne pour donner la direction AB, qui est de 289°11'30''. Cet angle est égal à

$$289°11'30'' + 180° - 334°48'10'' = 134°23'20''$$

$$\begin{array}{l} 180 \\ \hline 469\ 11\ 30 \\ 334\ 48\ 10 \\ \hline 134\ 23\ 20 \end{array}$$

La direction de la ligne du polygone ayant pour extrémité B étant de 183°, on déduit, au moyen de la même formule, l'angle à faire pour donner la direction AB, qui est de 109°11'30''.

$$109°11'30'' + 180° - 183° = 106°11'30''.$$

Des points placés au toit déterminent l'alignement, et une règle avec niveau détermine la pente, qui est dans ce cas de 0m.175. Si la règle a 3 mètres d'horizontale, le talon devra être de $3 \times 0{,}175 = 0{,}525$.

2e *Exemple.* — Soient (pl. VI) X et Y deux points à mettre en communication par une galerie en ligne droite. Les coordonnées du point X égalent

altit. + 331,00, long. — 205,01, lat. + 99,47.

Les coordonnées du point Y égalent

altit. + 165,00, long. + 245,80, lat. — 334,72.

D'après la formule, on aura

$$\text{tang}\, d = \frac{+245{,}80 + 205{,}01}{-334{,}72 - 99{,}47} = \frac{+450{,}81}{-434{,}19}.$$

En effet, le triangle à résoudre XYZ a bien pour côtés de l'angle droit 450,81 et 434,19 avec les signes de la formule. $\frac{+450{,}81}{-434{,}19} = 1{,}0382$; $\log 1{,}0382 = 0{,}0162810$; l'angle correspondant pris dans la colonne des tangentes $= 46°4'30''$. Cet angle provient du deuxième cadran, la longitude étant positive et la latitude négative; en employant la deuxième formule page 74 on reviendra à l'angle primitif : $180 - 46°4'30'' = 133°55'30''$.

Longueur horizontale

$$H = \frac{450{,}81}{\sin 46°4'30''} \quad \text{ou} \quad \frac{434{,}19}{\cos 46°4'30''},$$

$$\log H = \log 450{,}81 - \log \sin 46{,}4{,}30$$
$$\log H = \log 434{,}19 - \log \cos 46{,}4{,}30$$

log 450,81 =	2,6539935	log 434,19 =	2,6376798
—log sin 46°4'30''	9,8574824	— log cos 46°4'30'' =	9,8411818
	2,7965111		2,7964980

nombres corresp. 625,91 et 625,89

longueur H moyenne 625,90.

Angle d'inclinaison,

$$\text{tang}\, i = \frac{+165,00-331,00}{625,90} = \frac{-166,00}{625,90} = 0,2652.$$

C'est la pente par mètre. Le signe numérateur indique que cette pente est descendante.

Le logarithme de 0,2652 = 9,4235735.

Le nombre correspondant le plus près en moins dans la colonne des tangentes donne l'angle d'inclinaison $i = 14°51'10''$.

$$\text{Longueur en hypoténuse L} = \frac{166,00}{\sin 14°51'10''},$$

$$\log \text{L} = \log 166,00 - \log \sin 14°51'10'',$$

$$\log 166,00 = 2,2201081$$
$$\log \sin i = 9,4088100$$

2,8112981 nombre corresp. = 647,58

Employant la formule (4), page 107, on aura

$$\text{L} = \sqrt{(165-331)^2 + (+245,80+205,01)^2 + (-334,72-99.47)^2},$$

$$\text{L} = \sqrt{166^2 + \overline{450,81}^2 + \overline{434,19}^2},$$

$$\text{L} = \sqrt{27556 + 203229,6561 + 188520,9561} = \sqrt{419306,6122},$$

L = 647,53.

Problème VI.

TRACÉ DE ROUTES ET CHEMINS DE FER.

Il n'est pas exploitation de mines dont le transport extérieur ou les communications ne nécessitent des routes, chemins de fer ou plans inclinés, généralement à faibles sections et d'un développement peu considérable.

Nous ne croyons donc pas sortir des limites de cet ouvrage en disant un mot de leur tracé, qui est, la plupart du temps, réservé au géomètre attaché aux mines.

Considérations générales. — Dans tout projet de route ou de chemin de fer, les deux points à mettre en communication sont donnés, ou bien un des points seulement et la pente déterminée d'avance.

Dans l'un et l'autre cas, on doit avoir en vue d'arriver au résultat voulu avec le moins de frais possible (c'est la première et la plus importante des conditions). Pour cela on évitera les travaux d'art, les grandes tranchées, les forts terrassements, les terrains dont l'achat est dispendieux, etc., etc. Et si l'on remarque qu'avec de faibles sections le rayon des courbes peut être porté sans difficulté à 5 mètres, on se convaincra qu'il n'est pas, pour ainsi dire, de points difficiles ou coûteux à franchir. Il faut tenir compte pourtant que si on évite les travaux d'art en suivant les sinuosités du terrain, on augmente beaucoup le développement de la voie.

La nature du terrain traversé, le point de départ des matériaux destinés à l'entretien, pour le cas d'une route, devront être soigneusement étudiés, ainsi que les conditions climatologiques. On choisira de préférence un sol mieux exposé au soleil, et si l'on côtoye un cours d'eau quelconque, élever le niveau de la route au-dessus des plus hautes eaux connues.

Dans la plupart des cas, on ne peut répondre à toutes ces considérations, car on ne possède pas toujours deux ou plusieurs tracés différents entre eux par des considérations diamétralement opposées. Aussi l'étude seule des divers tracés et leur devis estimatif peuvent seuls donner une juste idée du choix que l'on devra faire.

Le tracé se divise en avant-projet, projet définitif et exécution des travaux.

L'avant-projet a pour but d'établir d'une manière grossière les dépenses à faire ou de comparer plusieurs tracés entre eux. Le projet définitif établit les dépenses exactes du projet admis. L'exécution des travaux consiste à reproduire sur le terrain ce qui a été établi sur le papier par le projet définitif. Ce dernier peut recevoir des modifications pendant l'exécution des travaux là où il y a nécessité ou économie.

Routes.

Généralement le point de départ et le point d'arrivée sont donnés. S'il existe sur le parcours des points qu'on doit desservir, ou auxquels on est obligé de passer par la nature même des lieux, on considère le tronçon de route compris entre deux points consécutifs comme la route entière, et ce que nous dirons pour l'un s'appliquera à l'autre.

Un nivellement rattachant les points de départ et d'arrivée et les divers points obligés, et la position relative de ces divers points relevée soit sur le cadastre, soit sur un plan spécial, soit enfin au moyen d'instruments propres à cet usage, donnent une idée à peu près exacte des diverses pentes qu'on pourra admettre pour chaque tronçon considéré isolément. Cette pente, qui ne doit pas dépasser, pour les routes à fort tirage, $0^m,05$ par mètre, peut être portée à $0^m,08$ pour les routes que nous considérons. On doit admettre ce chiffre comme un maximum. Si la pente d'un ou plusieurs tronçons, calculée comme il a été dit, dépasse le maximum établi ci-dessus, on décrira un ou plusieurs lacets aux points les plus convenables, afin d'augmenter le développement et diminuer par suite la pente.

Considérons comme exemple un tronçon de route dont le nivellement des points extrêmes accuse une différence de niveau de $4^m,14$, et dont le développement horizontal, mesuré sur le papier, est de 180 mètres. La pente générale est, d'après les chiffres ci-dessus, $0^m,023$ par mètre.

Si la distance 180 mètres est exactement celle qui sépare les points extrêmes en suivant les sinuosités voulues par la pente, il est clair que l'on n'aura qu'à appliquer celle-ci pour déterminer l'axe de la route; mais il n'en est jamais ainsi, parce qu'il est impossible d'établir sur le papier *à priori* la position exacte de l'axe de la route. Néanmoins on applique la pente ainsi calculée, dans ce cas, $0^m,023$, et l'on place des piquets tous les 10 mètres, par exemple. Le dernier piquet devrait se trouver à la distance voulue du point d'arrivée; cela n'étant pas, on mesure cette distance qui diffère de la vraie en plus ou en moins, suivant que ce piquet est en arrière ou en avant du point d'arrivée.

Ainsi, dans l'exemple ci-dessus, si, après avoir placé le dix-septième piquet, la distance qui sépare ce dernier du point d'arrivée est de 22 mètres, et si le point d'arrivée est en avant du dix-septième piquet, le développement du tronçon, au lieu d'être de 180 mètres, est d'environ $170 + 22 = 192$ mètres. En divisant la différence de niveau $4^m,14$ par 192, on obtiendra une nouvelle pente et l'on modifie en conséquence les piquets placés.

Dans ce cas, la pente devenant 0m,02156 au lieu de 0m,023, le premier piquet placé sera enfoncé de 0m,0144, le deuxième de 0m,0288, le troisième de 0,0432, et ainsi de suite. Le dix-septième piquet sera enfoncé de 0m,474, c'est-à-dire du produit de la distance 22 mètres qui sépare le dix-septième piquet du point d'arrivée par la pente 0m,02156.

Ces divers piquets, ainsi modifiés, sont relevés généralement à la boussole carrée et rapportés sur le papier. On les joint par des lignes droites, et la ligne brisée ainsi formée représente l'axe de la route.

Divers profils en travers établis sur ces piquets, ou à des distances plus ou moins rapprochées, suivant les accidents du terrain, permettent de modifier convenablement l'axe de la route et d'établir le volume de déblai ou de remblai qu'on aura à enlever ou à mettre. Ces profils sont établis perpendiculairement à un élément de la ligne brisée ci-dessus, ou bien suivant une direction bien déterminée, afin de pouvoir le rapporter sur le plan d'une manière exacte. Ils sont prolongés de 10 à 15 mètres à droite et à gauche de la ligne d'opération avec laquelle ils n'ont de commun qu'un seul point appelé *piquet d'axe*. On a formé ainsi une zone nivelée qui suffit pour tracer sur le papier et au bureau la position la plus convenable de l'axe de la route, et établir un devis estimatif du projet.

La position de l'axe de la route admise et établie sur le papier, en raccordant les diverses droites par des courbes plus ou moins prononcées, on la détermine sur le terrain par des alignements droits et courbes, traçant ces derniers par les procédés que nous donnons plus loin.

A des distances d'avance connues, ou qu'on détermine sur le terrain suivant l'allure de celui-ci, on établit des profils en travers dont le piquet d'axe se trouve sur la ligne indiquant l'axe de la route.

Le profil suivant cet axe et les profils en travers sur lesquels on a rapporté la route avec sa largeur voulue, ses fossés en remblai, déblai, ses murs de soutènement, travaux d'art, ponceaux, aqueducs, etc., etc., forment le projet définitif qui ne reçoit que peu de modifications.

Un procédé assez expéditif, surtout en pays montagneux, consiste à tracer des courbes de niveau à des distances verticales égales et de calculer, la pente étant donnée, le développement entre deux courbes consécutives ; ainsi soit n la distance verticale d'une courbe à l'autre, et p la pente, $\frac{n}{p} = d$ sera le développement demandé. Avec une ouverture de compas égale à $\frac{n}{p} = d$ on décrira, un point de la courbe où doit passer, l'axe de la route étant pris pour centre, un arc de cercle coupant la courbe suivante en deux points qui répondent tous les deux à la question demandée, c'est-à-dire qu'entre ces points et le centre de l'arc de cercle, il existe une distance d et la pente p. On choisit naturellement celui des deux qui est préférable. De ce dernier point avec l'ouverture de compas précédente, on décrit un nouvel arc de cercle coupant la courbe de niveau suivante en deux points, répondant tous les deux à la question, et ainsi de suite. Cet axe se modifie suivant l'exigence du terrain et les courbes que l'on veut admettre.

Lorsqu'un point seulement est donné et que l'on a à appliquer une pente déterminée, il suffit de piqueter sur le terrain en partant du point et se dirigeant vers le lieu voulu, une ligne satisfaisant à la pente désignée, c'est-à-dire que si l'on place des piquets tous les dix mètres, par exemple, il faut que chaque piquet diffère verticalement du précédent de $10 \times p$, p étant la pente par mètre.

Le niveau de pente est avantageusement employé dans ce cas. Il consiste en un niveau d'Égault dont un des collets est mobile suivant une glissière qui permet d'élever ou d'abaisser une extrémité de la lunette et d'incliner, par suite, la ligne de visée suivant la pente voulue indiquée sur une échelle graduée.

Il suffit pour appliquer une pente de placer le repère de cette échelle à la pente demandée et d'observer sur la mire avant et arrière la même cote. On détermine deux parallèles comprises entre deux parallèles.

On relève les piquets et l'on modifie convenablement la ligne brisée qu'on obtient. Cette ligne ainsi modifiée, qui représente l'axe de la route, est ensuite rapportée sur le terrain ; on en établit le profil en long sur lequel on trace à l'encre rouge, à partir du point de départ, une ligne ayant une pente p déterminée.

La distance verticale, pour chaque piquet, du terrain naturel à la ligne rouge indique la hauteur du remblai ou du déblai à ce point.

Chemins de fer.

Les deux points extrêmes étant donnés, on détermine la pente, comme il a été dit pour les routes, par un nivellement et en mesurant le développement. Si les points extrêmes sont de niveau, il est évident que la ligne doit être horizontale, et dans ce cas il suffit de tracer une courbe de niveau passant par ces points, de la relever et de modifier cette position suivant que l'exigent les courbes que l'on est convenu d'employer et les travaux que l'on veut éviter.

On rapporte sur le terrain l'axe de la voie ainsi modifié, on établit des profils en travers à des distances déterminées et on étudie au bureau si ce projet peut convenir.

Si les deux points sont à des niveaux peu différents, on calcule la pente générale et on trace cette ligne comme nous avons dit à l'article *Routes*. On relève cette ligne une fois tracée convenablement et l'on modifie les piquets placés de façon que la pente générale soit augmentée au point de départ et dans les courbes et diminuée dans les parties droites et au point d'arrivée. Cela a lieu d'être surtout, lorsque ces voies doivent être parcourues par le seul effet de la pesanteur.

Lorsqu'au contraire les points extrêmes sont à une différence de niveau qui exige pour joindre ces points des pentes supérieures à celles que la pratique admet, au maximum 0,02, on établit alors un plan incliné à l'endroit le plus convenable et on rattache les points extrêmes au sommet et au pied de ce plan par des voies ayant une pente voulue. Le pied et le sommet sont déterminés par les pentes mêmes.

Le plan est tracé en ligne droite, et sa surface ne doit appartenir autant que possible qu'au même plan afin que du frein ou de l'appareil moteur on puisse surveiller les manœuvres.

On établit donc le plan incliné en traçant une ligne droite au point qui paraît le plus convenable, les considérations générales que nous avons données étant consultées; l'intersection des voies tracées des points extrêmes se dirigeant vers le plan donne les sommet et pied de ce plan.

Des profils en travers seront établis perpendiculairement à la ligne droite du plan suivant des distances connues.

D'après ce que nous avons dit précédemment, on voit que l'étude d'une voie quelconque exige de la part de l'opérateur des soins particuliers, soit pour le choix du terrain et de la position de la route, soit ensuite dans les opérations qui amènent au tracé définitif. Le choix du tracé sera parfait si la voie remplit les conditions générales que nous avons énoncées; c'est-à-dire si le prix de revient relatif a été peu élevé, si les pentes sont telles qu'on le désirait et si l'entretien est peu dispendieux.

Pour que les opérations ne laissent rien à désirer il suffit de procéder avec ordre. Ainsi, pour chaque projet, si peu important qu'il soit, on devra dessiner un plan de la zone où doit passer le tracé contenant les limites des terrains traversés avec le nom du propriétaire, la contenance des parcelles, etc. Sur ce plan on tracera à l'encre rouge l'axe de la voie, les parties en remblai et les parties en déblai avec leurs talus. On indiquera le rayon des courbes, l'angle au centre et celui des tangentes. Sur l'axe on numérotera les piquets des profils en travers.

On dessinera un profil en long suivant l'axe du projet sur lequel on marquera par un trait rouge la ligne des terrassements. Chaque changement de pente du terrain naturel ou du projet sera coté. La pente étant supposée régulière entre deux points consécutifs on les rattachera par une ligne droite. Généralement l'échelle des hauteurs est cinq fois plus grande que celle des longueurs.

Des profils en travers feront partie d'une autre feuille et recevront le numéro qu'ils ont sur le plan. Sur chaque profil on dessinera en rouge la section de la voie avec ses talus, fossés, etc.

Un cahier, modèle n° 7, recevra les surfaces des profils, leurs numéros, leurs distances, en un mot tous les documents voulus pour établir le cube du terrassement à manipuler. Dans un premier cahier, modèle n° 6, on a préalablement calculé les surfaces en remblai ou déblai de chaque profil.

Un troisième carnet, modèle n° 8, contient l'estimation des dépenses auxquelles on ajoute une somme à valoir pour dépenses non prévues, égale au $\frac{1}{10}$ environ du total prévu.

On dispose généralement les profils en travers, le profil en long, le plan, etc., par bandes de 30 centimètres de largeur qu'on plie sur elles-mêmes de manière à former un cahier ayant 20 centimètres de longueur sur 30 centimètres de largeur environ.

L'échelle de plan est généralement $\frac{1}{1000}$; celle des profils en travers $\frac{1}{100}$; celle du profil en long $\frac{1}{200}$ pour les hauteurs, et $\frac{1}{1000}$ pour les longueurs. Les travaux d'art et les profils types sont dessinés à une échelle convenable pour que tous les détails soient bien apparents.

Calculs des déblais et remblais, cotes rouges, points intermédiaires, points de passage, etc.

Après avoir disposé les différentes planches, comprenant le profil en long et les profils en travers, et ayant coté chaque changement de pente du terrain naturel et chaque point du profil, l'un par une cote à l'encre noire, l'autre par une cote à l'encre rouge, on calcule la surface du profil en remblai ou déblai suivant que la ligne rouge indiquant le tracé du projet est au-dessus ou au-dessous du terrain naturel. Un profil peut être tout en remblai ou tout en déblai, ou bien, partie en déblai et partie en remblai. Dans tous les cas, les surfaces à calculer se réduisent en triangles ou trapèzes. Il suffit donc de connaître la base, ou les bases et les hauteurs de chaque figure pour en déterminer sa surface. Soit, comme exemple, à calculer la surface du profil en travers (fig. 49).

La ligne ABCDE représente le terrain naturel; chaque point est coté et la distance horizontale qui sépare ces points est connue. La ligne FGHI représente le projet dont chaque changement de pente reçoit une cote marquée à l'encre rouge.

On calcule d'abord la pente des lignes du terrain naturel. La pente de AB est égale à la différence des cotes des points A et B divisée par la distance horizontale AB. En appelant d cette distance et c' et c les cotes respectives des points A et B, on aura

$$p = \frac{c' - c}{d} \qquad (1).$$

On appliquera cette formule aux lignes BC, CD, DE.

On désigne sous le nom de cote rouge la distance verticale qui sépare un point du terrain naturel du projet. Cette distance est égale à la différence des cotes marquées en noir et en rouge sur la même verticale. C'est, dans l'exemple que nous considérons, G*k* au point G; X*n* au point X; B*p* au point B; etc., etc.

Avant de calculer les cotes rouges, on détermine les distances de la base qui leur correspondent.

Ce sont : *ce*, *de*, *cd*, *ef*, *fg*, *eg*, *gh*.

ce et *ge* sont connus : c'est la demi-largeur du projet au niveau des terrassements.

de, *ef*, *ad*, *fh*, *hj* sont donnés par le chaînage.

$$cd = ec - de$$
$$fg = eg - ef$$
$$gh = eh - ge = ef + fh - eg.$$

Ces distances connues, on calcule les cotes rouges; et d'abord

*p*B égale la cote des terrassements diminuée de la cote du point			B
X*n*	*id.*	*id.*	*n*
*o*C	*id.*	*id.*	C

Pour déterminer G*k*, *q*H, D*m*, il faut connaître les cotes des points *k*, *q*, *m*; ces cotes sont données par la formule

$$c' = c \pm dp \qquad (2)$$

suivant le sens de la pente, dans laquelle c' égale la cote cherchée, d la distance horizontale séparant le point d'un point coté c, p la pente de la ligne sur laquelle se trouve le point. Cette formule se déduit de la formule (1), déduite elle-même de la proportion suivante, $d : c' - c :: 1 : p$, dans laquelle d égale la distance horizontale séparant deux points cotés, c' et c les cotes de ces points et p la pente par mètre.

On appelle point de passage la rencontre du terrain naturel et du projet : *l* est un point de passage. La distance *ol* ou *l*H se calcule par la formule

$$ol = \frac{oH \times oC}{qH + oC},$$

ou, en appelant x la distance *ol*, l la distance *o*H, h' et h les cotes rouges *q*H et *o*C,

$$x = \frac{l \times h}{h' + h}, \qquad (3)$$

formule qu'on déduit des considérations suivantes.

Les deux triangles semblables olC et lqH donnent la proportion suivante $lH:ol::qH:oC$; en ajoutant chaque antécédent à son conséquent, cette proportion devient

$$lH + ol:ol::qH + oC:oC,$$

$$oH:ol::qH + oC:oC,$$

ou

$$l:x:: h' + h : h,$$

$$x = \frac{l \times h}{h' + h}, \text{ ce qu'il fallait démontrer.}$$

Une distance telle que bc et hi de la fig. 49 est égale à la division de la cote rouge par la somme ou la différence des pentes du projet et du terrain, suivant que ces pentes sont en sens inverse ou dans le même sens; dans le premier cas, on a

Fig. 49.

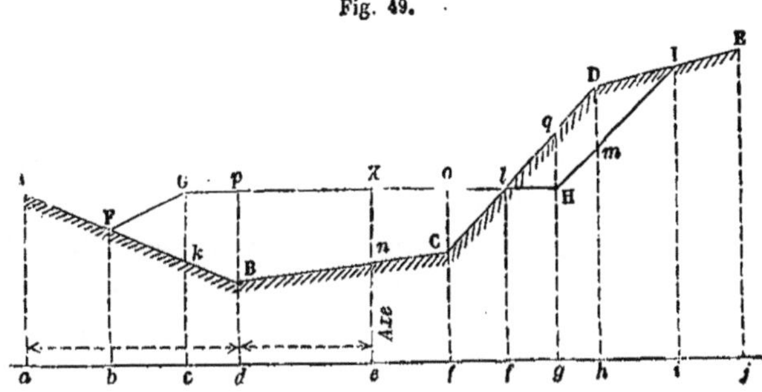

$\frac{a}{p + p'} = d$ et dans le second $\frac{a}{p' - p} = d$. a égale la cote rouge qui, dans ce cas, est Gk ou Dm; d égale la distance cherchée; p et p' les pentes du terrain naturel et du projet. Ces formules sont déduites des considérations suivantes : Soient (fig. 50) deux pentes dans le même sens, p et p'. Pour 1 mètre d'horizontale, la hauteur verticale est p, pour le premier cas, et p' pour le second, $p' - p$ égale donc la cote rouge à une distance horizontale de 1 mètre du point où les deux pentes se rencontrent : or, autant de fois la cote rouge extrême contiendra cette différence $p' - p$, autant de mètres d'horizontale on aura; donc

Fig. 50.

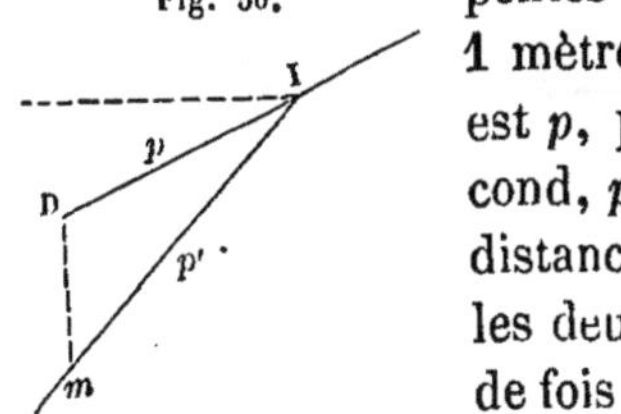

$d = \frac{a}{p' - p}$ (4), pour le cas de deux pentes dans le même sens.

Soient (fig. 51) deux pentes inverses : il est facile de voir qu'à partir du point où se rencontrent les deux pentes pour chaque mètre avancé horizontalement, la hauteur verticale gagnée est de $p + p'$; donc, autant de fois, a cote rouge extrême, contiendra $p + p'$, autant de mètres d'horizontale on aura; $d = \frac{a}{p + p'}$ (5). On connaît ainsi toutes les cotes voulues pour déterminer la surface du profil en remblai et en déblai : reste le cube de terrassement entre deux profils consécutifs, et par suite entre tous les profils du projet.

Fig. 51.

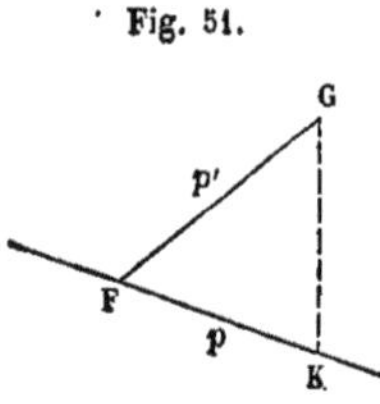

Deux profils consécutifs étant donnés, cinq cas se présentent : 1° les deux profils sont en déblai ou en remblai; 2° un profil est en déblai et l'autre en remblai; 3° un profil est en déblai ou en remblai et l'autre partie en remblai et partie en déblai; 4° les deux profils sont partie en remblai et partie en déblai, les surfaces en remblai et en déblai se correspondant; 5° les deux profils sont partie en remblai, partie en déblai, ces parties ne correspondant pas. Voir les fig. 52, 53, 54, 55, 56.

La formule à employer pour le premier cas est D ou $R = \frac{S + s}{2} d$, c'est-à-dire, le volume en déblai ou en remblai égale la demi-somme des surfaces multipliée par la distance qui sépare les profils. Ce volume est considéré comme un prisme droit ayant pour base une moyenne arithmétique entre les surfaces S et s des profils et pour hauteur la distance qui les sépare.

Fig 52.

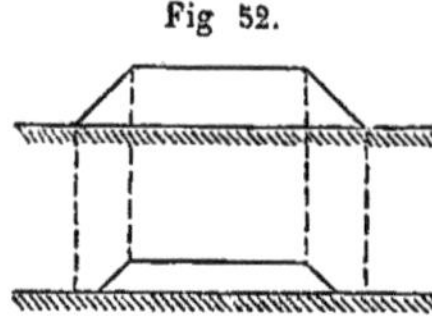

Les formules à employer pour le second cas sont, pour le volume en déblai, $D = S \frac{d''}{2}$ et $R = s \frac{d'}{2}$. d' et d'' étant les distances du profil en remblai et du profil en déblai au point de passage des remblais en déblais. Ce point se calcule comme on a calculé le point de passage du projet au terrain naturel en remplaçant les cotes rouges par

Fig. 53.

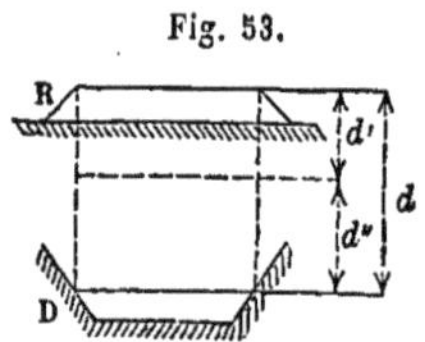

Fig. 54.

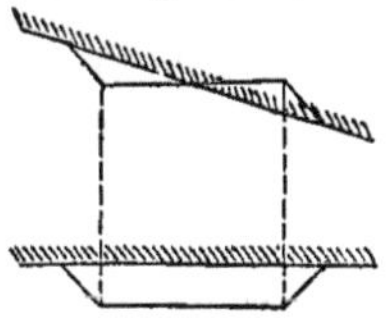

les surfaces S et s. $d = d' + d''$; lorsqu'on a obtenu d', par exemple, on obtient d'' par différence $d'' = d - d'$.

Dans le 3e cas, on fait passer par le point de passage du profil partie remblai et partie déblai, un plan parallèle à l'axe de la route, et l'on considère les volumes à droite et à gauche de ce plan qui entrent dans les cas 1 et 2, après avoir préalablement calculé les surfaces interceptées par ce plan sur le profil qui est complétement en remblai ou en déblai.

4e cas.

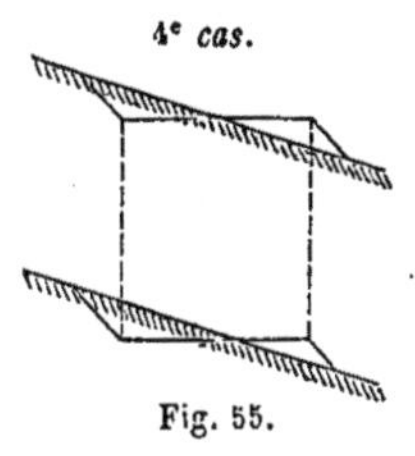

Fig. 55.

Pour le 4e cas, on emploie la formule du n° 1 en considérant les surfaces qui se correspondent.

Enfin, pour le cinquième cas, on emploie les formules du n° 2, en considérant les surfaces qui se correspondent et après avoir calculé d' et d''.

5e cas.

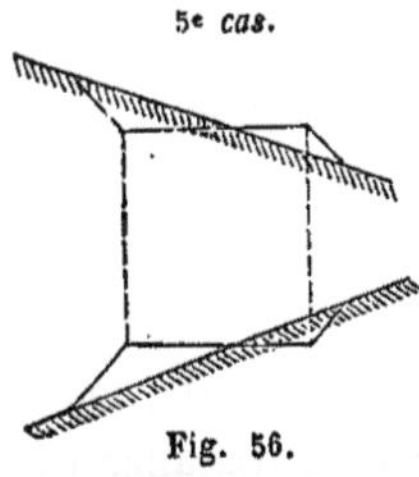

Fig. 56.

Dans les parties courbes, au lieu d'employer des plans verticaux parallèles à l'axe, on les divise par des surfaces cylindriques engendrées par une droite verticale se mouvant suivant des courbes concentriques à l'axe de la route.

Toutes ces formules ont une approximation suffisante pour les chemins que nous considérons.

Dans les avant-projets, on emploie une méthode simple et expéditive : elle consiste à ajouter les surfaces en remblai d'un profil à la surface en remblai du profil suivant, et à multiplier cette somme par la demi-distance, et la surface en déblai de l'un ajoutée à la surface en déblai de l'autre multipliée par la même longueur. Cette méthode est même employée par certains opérateurs lors du projet définitif d'un chemin de peu d'importance.

Pour compléter l'étude, il faut encore voir à quelle distance les déblais ou remblais seront transportés; on considère alors le centre de gravité du volume de déblai ou remblai. La distance moyenne de transport doit être naturellement aussi faible que possible pour éviter les frais. Les volumes de déblais et remblais doivent être ménagés de manière que l'un, y compris le foisonnement, égale l'autre; ce n'est pas toujours possible.

Le volume de déblai étant trop fort, on se ménage un point peu éloigné du centre de gravité, de manière à pouvoir rejeter facilement les déblais; dans le cas contraire, il faut faire un emprunt au point le plus convenable.

Tracé des courbes par abscisses.

Tracer d'abord les alignements tangents et mesurer l'angle formé par eux; l'angle au centre est égal à l'excédant de 180° sur cet angle. Le rayon étant connu, dans le triangle rectangle OBA (fig. 57), on a

Fig. 57.

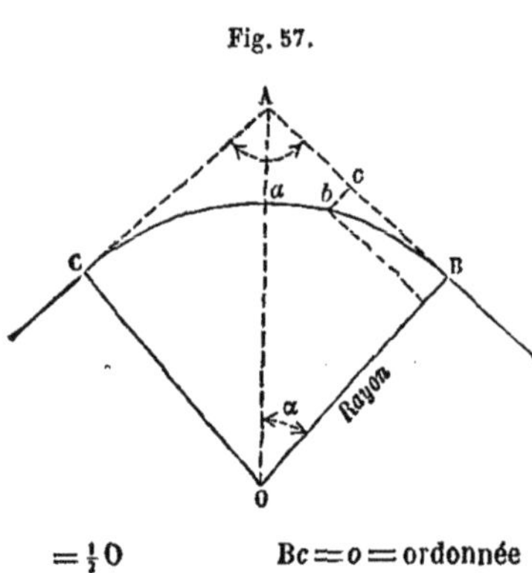

$$AB = R \operatorname{tang} \alpha,$$

$$OA = \sqrt{\overline{OB}^2 + \overline{AB}^2} \quad Aa = OA - R.$$

On appelle abscisse une perpendiculaire élevée sur la tangente AB en un point déterminé, et qui rencontre la courbe après une distance calculée par la formule $x = R - \sqrt{(R^2 - o^2)}$, où x = l'abscisse, o = l'ordonnée, c'est-à-dire la distance du point B au pied de l'abscisse, et R le rayon de la courbe. Cette formule se déduit des considérations suivantes : Dans le triangle rectangle OFG, on a (fig. 58)

Fig. 58.

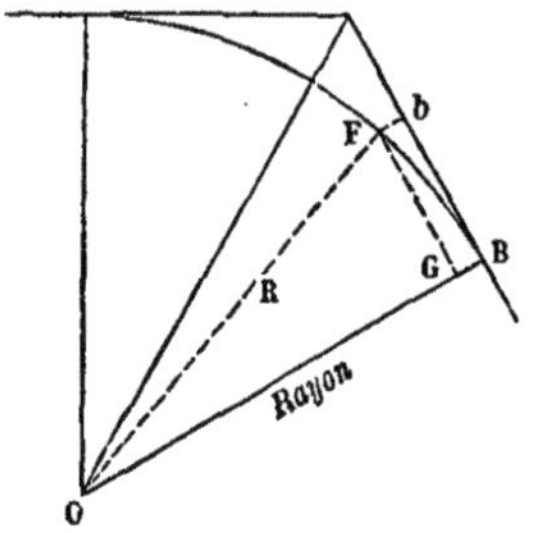

Fb = GB = x

$$OG^2 \text{ ou } (R - BG)^2 = R^2 - FG^2 \text{ ou } o^2,$$

$$R - BG = \sqrt{R^2 - o^2},$$

$$BG \text{ ou } x = R - \sqrt{(R^2 - o^2)},$$

ce qu'il fallait démontrer.

Il existe beaucoup de procédés pour tracer les courbes, ainsi que des tables contenant les abscisses calculées pour des ordonnées et des rayons déterminés. — Voir les ouvrages de MM. Borde, Berthaud, Tourette, Chevallot et Gaunin pour de plus amples détails.

Problème VII.

CHAINAGE DE PUITS.

Mesurer un puits a été toujours une opération difficile et pénible par les procédés ordinaires, c'est-à-dire en employant la chaîne à maillons en fer de 25 mètres, ou le ruban en acier et enfonçant à chaque longueur de chaîne une cheville et un clou auquel on suspend la poignée pour la station suivante. On comprend que ce procédé, du reste assez exact, demande un temps considérable et expose l'opérateur à des dangers que l'on peut éviter avec l'appareil suivant employé aux mines de Firminy (Loire). Il nous a été communiqué par M. Chansselle, ingénieur de ces mines. Les fig. 1, 2, 3, 4, pl. VI, représentent cet appareil à l'échelle de $\frac{1}{10}$. Il se compose de trois parties : 1° Une bobine en bois de chêne avec joues en sapin, où s'enroule le fil de laiton n° 12 ($1^{mm},8$ de diamètre ; le n° 10, de $1^{mm},5$, serait assez fort, plus souple et meilleur) servant au mesurage ; 2° une poulie en chêne, à gorge ronde, portée sur un bâti en sapin que l'on charge de manière que la poulie soit en porte-à-faux dans le puits ; 3° une règle en pin, de $5^{m}.30$ de longueur, de 2 centimètres d'épaisseur sur 8 centimètres de large, portant à ses extrémités deux forts talons en fer terminés en haut par une arête aiguë ; ces arêtes sont écartées de 5 mètres juste. C'est l'unité de longueur dont on se sert pour le mesurage.

La bobine est montée sur un petit chevalet en bois ayant une base allongée pour le charger de quelques pierres. Le fil de cuivre y est fixé par un bout. La couronne de bois dur est en deux pièces. L'axe en fer, rond et de 22 millimètres de diamètre sur les coussinets en bois, est carré et a 30 millimètres dans l'intérieur de la poulie. L'assemblage des bras de la poulie est consolidé par deux feuilles de tôle, découpées en croix. Les coussinets de l'axe sont simplement deux entailles dans les montants. La manivelle est en fer, avec roue à rochet pour obtenir l'arrêt lorsque le fil est dans le puits et qu'on lâche la manivelle.

La poulie de renvoi est à 4 rayons en bois dont l'assemblage est consolidé par 2 plaques carrées de tôle. L'axe est en fer comme celui de la bobine. On charge le bâti qui est appuyé sur le bord du puits de manière qu'il ne bascule pas.

Quand on veut mesurer un puits on place la poulie sur le puits, le bâti de la bobine dans ce prolongement, de manière qu'il y ait environ 5 mètres de distance entre les tasseaux C et D sur lesquels la règle est posée à plat. On fixe bien la poulie et la bobine en chargeant les bâtis de pierres, de roues de bennes, de plaques de fonte, etc. Les deux talons de la règle présentent, à 2 ou 3 centimètres au-dessous du fil, une longueur fixe de 5 mètres. La règle n'est pas fixée mais simplement posée sur les tasseaux, elle glisse, par suite, sur ceux-ci.

On attache au bout du fil un poids en fonte, ni trop lourd; ni trop léger; 5 kilos suffisent pour tendre le fil sans risquer de l'allonger ou de le casser. On prend habituellement un poids de bascule qu'on attache par l'anneau et dont la face plane du bas se pose bien à plat sur une surface horizontale. Avant de commencer à dérouler le fil dans le puits, on place la base du poids au niveau d'un repère qui est l'origine du mesurage. Trois personnes à l'extérieur sont nécessaires : un manœuvre pour tourner, deux opérateurs pour mesurer. Le poids étant au niveau du repère, les deux opérateurs pincent avec l'ongle, entre le pouce et l'index, le fil de cuivre, chacun juste contre l'arête d'un talon de la règle; ils déterminent ainsi, sur le fil, une distance exacte de 5 mètres. Alors on fait tourner la manivelle pour descendre le fil.

L'opérateur A placé d'abord en C' lâche le fil, et l'opérateur B, placé en D', le tient toujours pincé jusqu'à ce que, 5 mètres étant déroulés, il arrive lui-même en C'. Le manœuvre n'arrête pas exactement à 5 mètres; ce serait un tâtonnement trop long et inutile. L'opérateur B arrivé en C', recule ou avance un peu la règle de manière que l'arête du talon coïncide exactement avec le point du fil qu'il tient pincé. Alors il avertit l'autre opérateur A, qui pendant ce temps est arrivé en D', pour qu'il pince le fil exactement au talon; on commande au manœuvre de tourner. L'opérateur B lâche alors le fil et revient en D' pendant que l'opérateur A parcourt 5 mètres de longueur tenant le fil pincé Arrivé au tasseau C', il arrête le manœuvre, avance ou recule la règle jusqu'à ce que l'arête soit au point pincé, avertit l'opérateur B, qui lui à son tour pince le fil, commande au manœuvre de tourner, etc., et ainsi de suite. On déroule ainsi, selon la profondeur du puits, un certain nombre de fois 5 mètres; lorsque le poids arrive à moins de 15 mètres du fonds, un homme placé à l'intérieur le signale. Au dernier mesurage de 5 mètres on a le soin de remettre la règle exactement dans la même position qu'au commencement par rapport aux tasseaux C et D, sans quoi on aurait une erreur égale à la différence entre les deux positions. On déroule lentement cette distance inférieure à 5 mètres, en tenant le fil pincé jusqu'à ce que l'homme placé au fond signale que le poids pose à plat sur la recette intérieure ou ce qu'on a admis comme tel. On pince alors le fil à l'arête du talon D, et l'on mesure la distance entre ce point et le point que tient pincé l'autre opérateur au moyen du mètre étalon qui a servi à établir la distance fixe de 5 mètres. La profondeur du puits est donc égale à autant de fois 5 mètres qu'on a eu d'arrêts, plus ce dernier mesurage inférieur à 5 mètres.

On recommence l'opération en montant, jusqu'à ce que la base du poids arrive au niveau du repère placé en haut. On doit trouver, si l'opération a été bien faite, la même profondeur à quelques millimètres près. A Firminy, sur une profondeur de 250 mètres, on n'a jamais trouvé 25 millimètres de différence en mesurant cinq fois de suite. En général, l'écartement varie de 10 à 15 millimètres. On peut affirmer que l'erreur est moindre que $\frac{5}{100,000}$ de la profondeur mesurée ou 5 millimètres par 100 mèt.

Nous devons ajouter que cet appareil a l'avantage d'être peu coûteux, facile à manier et à installer n'importe sur quel puits, quelle que soit la disposition de la recette ; et que le chaînage d'un puits de 260 mètres et sa vérification en remontant, se fait en une demi-heure, installation de l'appareil comprise.

Inutile de dire que cet appareil est appelé à rendre d'importants services dans les installations de guidage et de pompes d'épuisement.

CHAPITRE X.

NOTES SUPPLÉMENTAIRES.

1° *Notes sur la déviation de l'aiguille aimantée produite par les rails dans le lever des plans de mines.*

Résultats obtenus par M. le docteur Auguste Junge, professeur de mathématiques supérieures et maître du lever pratique des plans de mines à l'académie royale des mines de Freyberg. — (Extrait du *Bulletin de l'industrie minérale,* 5e année, t. IV.)

1° Deux rails, d'ailleurs identiques, peuvent agir fort différemment sur l'aiguille aimantée ;

2° L'action des rails sur l'aiguille est beaucoup augmentée par de brusques secousses imprimées à ceux-ci ;

3° L'action des rails sur l'aiguille suit une marche régulière ; très-faible lorsque le rail est parallèle au méridien magnétique, elle a son maximum pour une direction du rail faisant avec ce méridien un angle compris entre 45 et 67 $\frac{1}{2}$ et voisin de 56 $\frac{1}{4}$.

La déviation décroît ensuite jusqu'à ce que le rail fasse avec le méridien un angle de 90° ; pour cet angle la déviation est intermédiaire entre celle qui correspond à l'angle de 22° $\frac{1}{2}$ et celle qui correspond à l'angle du maximum.

4° L'action est la plus forte possible, toutes choses égales d'ailleurs, quand le rail est placé directement au-dessous de la boussole, excepté toutefois dans le cas où le rail est parallèle au méridien magnétique.

5° La déviation de l'aiguille aimantée par l'action du rail est très-considérable, puisque la hauteur de la boussole, au-dessus du sol étant de 4 pieds (1^m,30 environ), et le rail étant placé au-dessous de la boussole et faisant avec le méridien magnétique un angle de 45°, on peut avoir, pour certains rails, une déviation de 3°,25.

Cette déviation commence à s'exercer à d'assez grandes distances pour que, dans le levé d'une galerie de mines pourvue de chemins de fer, il soit ordinairement impossible d'éloigner suffisamment la boussole des rails pour la soustraire à leur action.

On doit conclure de là, comme conséquence pratique, qu'il faut toujours enlever les rails des chemins de fer d'une galerie de mine avant de procéder au levé de cette galerie au moyen de la boussole suspendue.

Les expériences qui ont amené aux résultats ci-dessus ont été faites au moyen d'un rail en fer du poids de 67 livres et d'une longueur de 3m,40.

2° *Théorie du vernier.*

On désigne sous le nom de vernier, du nom de l'inventeur, un petit appareil servant à apprécier les sous-multiples de plus petites divisions d'un instrument auquel il est adapté.

Les verniers sont rectilignes ou circulaires. Le principe étant le même pour les deux, nous ne parlerons que des premiers.

Soit AB (fig. 58), une règle divisée en dix parties égales, par exemple, et CD une deuxième règle construite avec 9 parties de la règle AB qu'on a divisées en 10 parties égales.

Fig. 58.

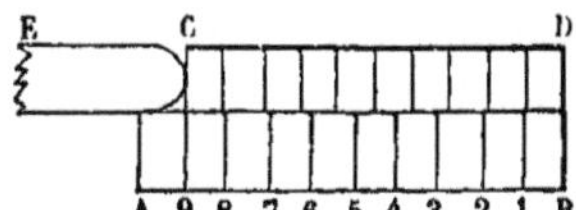

Chaque division de la règle CD égale donc les $\frac{9}{10}$ d'une division de la règle AB, et si l'on considère les divisions des deux règles en position comme la figure l'indique, l'on peut voir que la première division de la règle CD est en retard de $\frac{1}{10}$ de division de la règle AB sur la première partie de cette règle, la deuxième division est en retard de $\frac{2}{10}$, et ainsi de suite. Réciproquement, si l'on fait coïncider la première division de la règle CD avec la première de la règle AB, l'extrémité D de la première règle sera en retard sur l'extrémité B de la seconde de $\frac{1}{10}$ de division de cette règle; si c'est la deuxième division, ce sera $\frac{2}{10}$, et ainsi de suite. En conséquence, si l'on place un corps quelconque à mesurer dans la position EC et que ce corps déplace la règle CD de manière que la sixième division coïncide avec la sixième division de la règle inférieure, la mesure du corps sera égale à *n* divisions inférieures plus $\frac{6}{10}$ d'une division. Si les divisions inférieures sont des centimètres, on en aura un certain nombre plus $\frac{6}{10}$ de centimètres ou 6 millimètres. L'approximation de l'instrument, pour ce cas, est de 1 millimètre.

C'est une fraction des plus petites divisions de la règle AB ayant pour numérateur l'unité et pour dénominateur leur nombre de divisions de la règle CD, qui constitue le vernier proprement dit.

Ainsi, pour connaître l'approximation d'un instrument muni d'un vernier, on regarde quelle est la nature des plus petites divisions de limbe et combien on a pris de ces divisions pour former le vernier. Ce nombre est exprimé par les divisions du vernier moins 1. L'approximation est représentée par une fraction des plus petites divisions du limbe ayant pour numérateur l'unité et pour dénominateur le nombre de divisions du vernier.

Exemple : Un graphomètre est divisé en $\frac{1}{2}$ degrés; on a pris 29 demi-degrés pour former le vernier et on les a divisés en 30 parties égales. Le degré d'approximation est $\frac{1}{30}$ de $\frac{1}{2}$ degré ou $30' = 1'$; car chaque division du vernier vaut $\frac{29}{30}$ de $\frac{1}{2}$ degré et lorsque le zéro du vernier coïncide avec un degré du limbe, la première division est en retard $\frac{1}{30}$ de demi-degré ou 1'; c'est l'approximation.

Pour déterminer le nombre de parties du vernier devant donner une approximation voulue, les plus petites divisions du limbe étant connues, on représente par x le nombre et on tire sa valeur de l'égalité ci-dessus.

Exemple : Un graphomètre est divisé en $\frac{1}{2}$ degrés, en combien de parties faut-il diviser le vernier pour avoir une approximation de 1'?

On posera $\frac{1}{x} 30 = 1$ d'où $x = 30$, on prendra donc 29 demi-degrés qu'on divisera en 30 parties égales.

Un autre procédé consiste à réduire une des plus petites divisions du limbe en unités de même nature que celles exprimées par le degré d'approximation et diviser, cette réduction faite, par ce degré d'approximation.

Dans l'exemple préoédent ce sera

$$\tfrac{1}{2} \text{ degré} = 30', \quad \tfrac{30}{1} = 30 \text{ parties}$$

3° *De l'excentricité des instruments.*

Nous avons parlé des instruments excentriques aux chap. II et III des moyens employés pour rectifier l'erreur commise avec de pareils instruments et des détails de l'opération avec le théodolite que nous avons classé dans la deuxième catégorie.

Nous donnerons ici la mesure de l'excentricité ainsi que la démonstration du procédé employé pour reproduire un angle avec un instrument excentrique.

On mesure le rayon d'excentricité, c'est-à-dire la distance du centre du limbe à l'axe de la lunette, en visant, le zéro du vernier coïncidant avec celui du limbe, un point assez rapproché de l'instrument (7 à 8 mètres, par exemple), ayant d'abord la lunette à droite : desserrant la vis de la règle, on fait courir celle-ci jusqu'à ce que la lunette arrive à gauche. On vise de nouveau ce point, et on lit l'angle accusé par le vernier. Cet angle, diminué de 180 degrés, est égal à celui formé par les deux rayons visuels ayant le point pour sommet. BCD—160 = *d*CD = BAD (fig. 59).

Considérant le triangle rectangle ABC, on connaît la distance AC, qu'on chaîne exactement, et l'angle BAC $= \frac{1}{2}$ de l'angle BAD ; BC, où le rayon d'excentricité, est égal à AC $\times$ sin A.

Fig. 59.

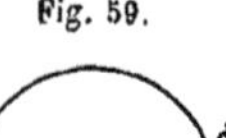

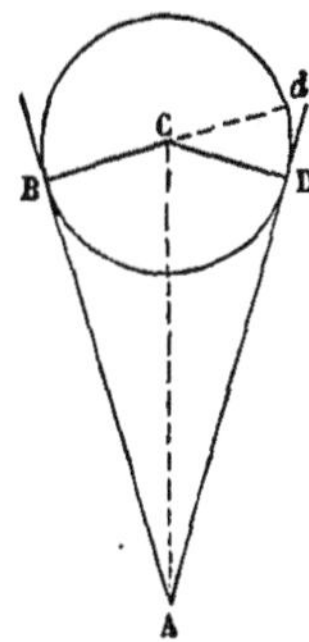

L'erreur d'excentricité commise dans la mesure d'un angle, par une seule opération, est égale à la différence qui existe entre l'angle formé par la rencontre des rayons visuels et l'angle vrai. Cette différence, nulle lorsque les côtés de l'angle sont égaux, est d'autant plus grande que les stations sont courtes et différentes en longueur. La figure 60 le rendra sensible.

Soit ACB, l'angle à mesurer.

On vise le point A ayant la lunette à droite ; soit SA le rayon visuel et CS le rayon excentrique, perpendiculaire à SA ; on desserre la vis de pression et l'on fait décrire à la règle l'arc ST ; dans cette position, on vise le point B, soit TB le rayon visuel et TC le rayon perpendiculaire à TB.

Fig. 60.

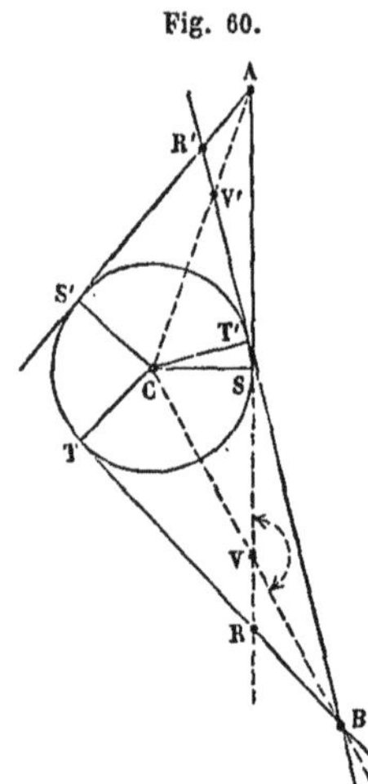

L'angle mesuré est SCT $=$ à ARB comme angles ayant leurs côtés perpendiculaires chacun à chacun. Or ARB $=$ AVB (angle extérieur du triangle RVB) moins VBR ou CBT; donc ARB $=$ AVB $-$ CBT.

Le triangle CAV donne, par la même raison, ACB $=$ AVB $-$ CAS.

Retranchant membre à membre ces deux égalités, il vient

$$\text{ARB} - \text{ACB} = \text{CAS} - \text{CBT} \qquad (1).$$

Remplaçant ARB par SCT, il vient

$$\text{SCT} - \text{ACB} = \text{CAS} - \text{CBT} \qquad (2).$$

SCT est connu : c'est l'angle lu sur l'instrument. CAS et CBT sont connus en résolvant les triangles CAS et CBT, dans lesquels on connaît l'hypoténuse et un côté de l'angle droit,

$$\sin \text{A} = \frac{\text{CS}}{\text{CA}} \quad \text{et} \quad \sin \text{B} = \frac{\text{CT}}{\text{CB}}.$$

On peut donc, par suite, connaître ACB ou l'angle vrai.

La différence des deux rapports ci-dessus donne l'erreur due à l'excentricité; il suffit pour s'en convaincre de jeter un coup d'œil sur l'égalité (2) où SCT $-$ ACB représente cette erreur et CAS $-$ CBT la différence des rapports ci-dessus.

On ajoute ou on retranche cette erreur de l'angle observé, suivant que AC est plus petit ou plus grand que CB (*), pour avoir l'angle vrai ACB.

Nous avons donné au chapitre *Théodolite*, page 38, un procédé pour corriger l'excentricité; il consiste à répéter l'opération précédente ayant la lunette à gauche. Construisant la figure,

(*) Soit ACB un angle à mesurer.

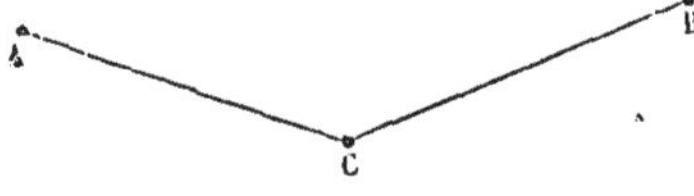

Le premier angle observé sera plus grand que le vrai, si la ligne AC est plus grande que CB et si l'opérateur a procédé ayant la lunette à droite, plus petit que le vrai, si la ligne CB est plus grande que AC.

Lunette à gauche, angle observé $<$ que le vrai si la ligne AC $>$ CB.

Pour la même position de la lunette, l'angle observé sera plus grand que le vrai si AC $<$ CB.

comme nous avons fait pour la visée ayant la lunette à droite, on déduit

$$\text{AR'B} - \text{ACB} = \text{CBT'} - \text{CAS'} \qquad (3).$$

Ajoutant membre à membre cette égalité à celle (1), il vient

$$\text{ARB} + \text{AR'B} - 2\text{ACB} = \text{CAS} + \text{CBT'} - \text{CBT} - \text{CAS'}.$$

Ce dernier membre étant égal à zéro, les angles CBT' et CAS étant respectivement égaux à CBT et CAS,

on a
$$\text{ARB} + \text{AR'B} = 2\text{ACB}$$

et
$$\text{ACB} = \frac{\text{ARB} + \text{AR'B}}{2} \qquad (4).$$

C'est la moyenne arithmétique des angles lus sur l'instrument.

Si les distances AC et CB sont égales, les angles CAS et CBT seront égaux et la formule (1) deviendra $\text{ARB} - \text{ACB} = 0$ ou $\text{ARB} = \text{ACB}$.

C'est-à-dire que l'erreur d'excentricité est nulle dans ce cas, et que l'angle vrai est exactement celui qu'on lit sur le limbe; la formule (4) devient $\text{ACB} = \frac{2\text{ARB}}{2} = \text{ARB}$, parce que, dans ce cas, $\text{ARB} = \text{AR'B}$; il est facile de s'en convaincre par une figure.

On reproduit un angle donné avec un instrument excentrique en visant, ayant la lunette à droite, non le point arrière qui détermine l'extrémité du côté de base, mais un point à une distance égale au rayon d'excentricité portée du même côté de la lunette; on détermine ainsi une parallèle au premier côté de l'angle (voir la figure 61). Faisant décrire à la règle un angle égal à celui qu'on veut reproduire, on place un point provisoire qui détermine un alignement parallèle au deuxième côté de l'angle. Pour revenir à l'alignement vrai il suffit de placer un point définitif à une distance du point provisoire égale au rayon d'excentricité. On détruit les points provisoires et on relève l'angle ayant pour côté AC et BC comme nous avons dit au chap III, *Théodolite*, 2ᵉ ca-

Fig. 61.

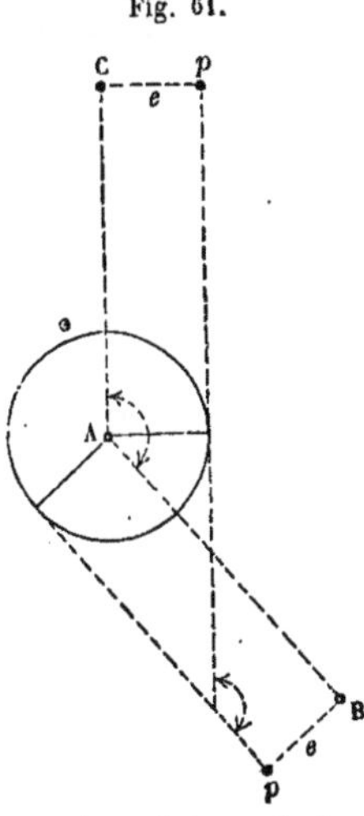

p et p' = points provisoires, e = rayon d'excentricité.

tégorie. La moyenne arithmétique doit égaler l'angle à reproduire. On corrigerait la différence, qui doit être fort petite, en portant le clou C soit à droite, soit à gauche, par de faibles coups de marteau.

4° *Feuilles et carnets de mine.*

N° 1. *Modèle pour les opérations à la boussole suspendue.*

Verso. Recto.

Numéros d'ordre.	INCLINAISON. M	D	Direction.	Longueur.	HAUTEUR. H	B	LARGEUR. D	G	OBSERVATIONS ET CROQUIS.
6					2,00	0,00	»	»	*Départ du point 6 du niveau.*
	$18^{5}/_{8}$	»	$312^{3}/_{4}$	5,25					
	$19^{1}/_{8}$	»							
1	—	—	—	—	0,55	0,65	»	2,20	
	23	»	$272^{1}/_{2}$	19,06					
	$24^{1}/_{4}$	»							
2	—	—	—	—	0,50	1,00	2,10	»	

Nota. Le point de départ de ce levé est un point au théodolite placé en face de la remontée. Lorsque la remontée se trouve entre deux points au théodolite, on détermine au cordeau un point sur cette station, de manière qu'il soit placé en face de la remontée. On chaîne la station formée par un des points et le point placé. La direction vraie de cette ligne est celle de la ligne au théodolite, et sa cote au sol se détermine par une simple proportion. Exemple : Soit à relever la remontée placée comme l'indique la figure 62.

Fig. 62.

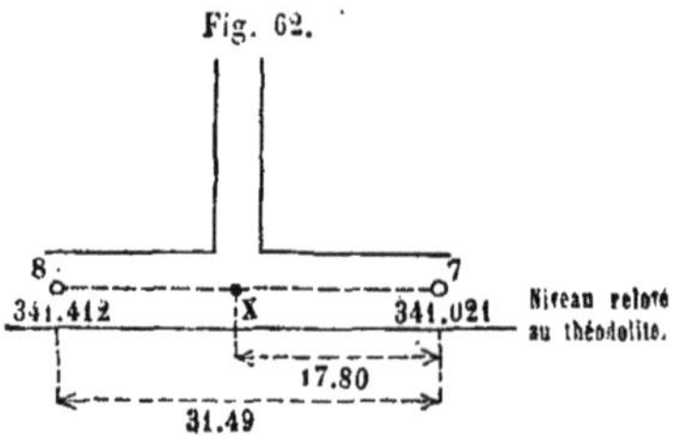

7 et 8 sont deux points au théodolite.

On attache le cordeau au point 7, repéré au mur, et au point 8, repéré au toit.

En face de la remontée, au moyen du fil à plomb, on place

au toit ou au mur un point sur la ligne 7-8, soit X ce point. On chaîne la distance horizontale de 7 à X, soit 17.80 cette distance. Pour avoir la cote au sol du point X, on posera :

$$31.49 : 341.412 - 341.021 :: 17.80 : x.$$

$$x = \frac{0,391 \times 17.80}{31.49} = 0,22 \text{ cent. à ajouter à } 341,021$$ ce qui donne 341,24 pour la cote au sol du point x, 31,49 étant la longueur de la station 7-8, 341,412 et 341,021 les cotes respectives des points 8 et 7.

On mesure, si le point X est au toit, la hauteur au bas de ce point.

N° 2. *Modèle de carnet pour boussole carrée. — Cas où la galerie est ferrée.*

Verso. Recto.

Numéros d'ordre.	Inclinaison.	Direction.	Longueur.	LARGEUR. D	LARGEUR. G	HAUTEUR de la lunette.	Calcul des angles.	Réduction des angles à la boussole.	OBSERVATIONS ET CROQUIS.
									Départ de la ligne 7-8. 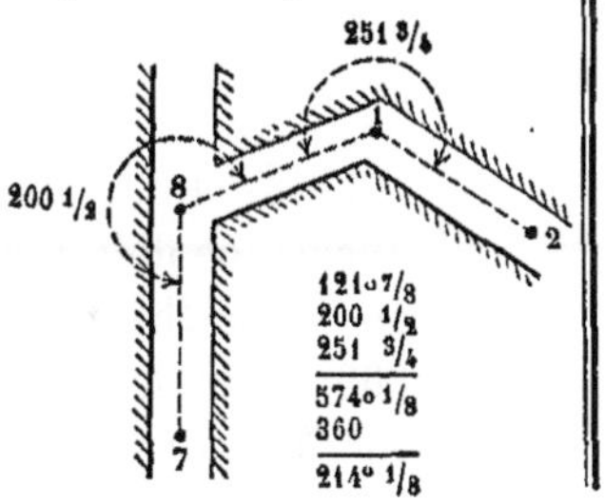
7-8	»	120°						121° 7/8	251 3/4
							200 1/2		
8-1	+8 3/4	140 1/2 138 1/2						142 3/8	200 1/2
							251 3/4		
1-2	+8 1/2	210 1/4 210 3/4						214 1/8	121° 7/8 200 1/2 251 3/4 574° 1/8 360 214° 1/8

L'angle 120° est la moyenne des directions observées au point 8 pour la ligne 7-8. L'angle 140° ½ est la moyenne des directions observées au même point pour la ligne 8-1; 138° ½ est la moyenne des directions de la même ligne observée au point 1; elle diffère de la précédente parce que l'influence des rails n'est pas la même aux points 1 et 8.

Les angles formés par deux stations consécutives sont calculés au moyen des formules de la page 61, et la réduction des angles à la boussole par les formules données page 65.

L'angle 121° ⅞ est la direction initiale; elle diffère de la direction portée à la 3e colonne parce que l'une a été prise les rails étant en place et l'autre a été obtenue les rails enlevés, ou par la formule ci-dessus employée pour le lever précédent.

Le modèle de carnet pour boussole carrée, cas où la galerie n'est pas ferrée, est pareil à celui de la boussole suspendue, seulement à la colonne des hauteurs on porte la hauteur de la lunette au-dessus du sol.

N° 3. *Modèle de Carnet pour théodolite. Première catégorie.*

Verso. Recto.

Numéros d'ordre.	Longueurs.	ANGLES horizontaux	TOTAL.	HAUTEUR. H	HAUTEUR. B	LONGUEUR. D	LONGUEUR. G	RÉDUCTION des angles à la boussole.	OBSERVATIONS ET CROQUIS.
4-5								127°24' 40"	*Départ de la station* 4-5.
	10,22	273°12'20"						273 12 40	
			359°59'20"						
	10,22	86 47	40					400 37 20	
								180	
			+ 20						
1								220 37 20	127° 24' 40"
	9,44	193 28 20						193 28	273 12 40
			359 60 40						193 28
	9,45	166 32 20	40					414 05 20	
			— 20					180	594 05 20
2									360
								234°05'20"	
									234°05'20"

Le total de l'angle et de son supplément à 360° porté dans la 4e colonne doit toujours donner 360 à 1' près (*). On ajoute ou on retranche de l'angle la moitié de la différence du total à 360°. Dans le 1er angle on a ajouté 20", moitié de l'excès de 360° sur 359.59.20. Dans le 2e angle on a retranché 20", moitié de l'excès de 359°60'40" sur 360°. La réduction des angles à la boussole s'effectue au moyen de la formule donnée page 65. La preuve de cette opération se fait en ajoutant tous les angles à la direction initiale et retranchant du total autant de fois 180° qu'il y a d'angles.

Le modèle de carnet pour théodolite 2e catégorie est pareil à celui de la boussole carrée, cas où la galerie est ferrée. On remplace la colonne marquée *direction* par *angles horizontaux* et l'on supprime la colonne *calcul des angles*.

(*) Dans les opérations ordinaires, on peut laisser exister une différence de 2'.

N° 4. *Modèle de carnet pour niveau à bulle d'air.*

Verso. Recto.

NUMÉROS d'ordre.	DISTANCES.	COUPS DE NIVEAU.		DIFFÉRENCES.		ORDONNÉES	OBSERVATIONS ET CROQUIS.
		Arrière.	Avant.	+	−		
4	»	12,87	»	»	»	269,460	*Départ du point 4.*
1	»	14,48	10,72	0,215	»	269,675	
2	»	14,50	08,80	0,568	»	270,243	
3	»	»	11,16	0,334	»	270,577	
Sommes. . . .		41,85	30,68	1,117	»	269,460	
A déduire. . . .		»	»	»	»	1,117	
Restes.		41,85	30,68	1,117	»	270,577	*Nota.* Dans les colonnes arrière et avant, les virgules sont placées comme l'exige la lecture des mires parlantes. (Voir pages 43 et 44.)
		30,68	»	»	»	»	
Différ. égales. .		11,17	»	11,17	»	Exact.	

N° 5. *Modèle de carnet pour Pantomètre Blanchet.*

Verso. Recto.

Numéros d'ordre.	LONGUEURS		ANGLES verticaux.			ANGLES horizont.			LARGEUR.		HAUTEUR.		RÉDUCTION des angles à la boussole.	OBSERVATIONS ET CROQUIS.
			md	o	′	o	′	″	D	G	H	B		
0														*Départ de la ligne.....*
	H	19,62	+	7	30	127	43	20						
1	—	—	—	—	—	—	—	—	—	—	—	—		
	P	17,60	—	17	15	29	45	00						
2	—	—	—	—	—	—	—	—	—	—	—	—		

Les lettres H ou P placées dans la colonne des largeurs, à gauche du nombre, indiquent que cette distance a été mesurée suivant l'horizontale ou suivant la pente. Le signe + ou — placé à gauche de l'inclinaison ou angle vertical indique que celui-ci est montant ou descendant.

Ces signes sont remplacés par H ou *h* lorsqu'on emploie le cercle vertical pour mesurer les distances (voir page 50).

La direction initiale prise au déclinatoire se place dans la colonne *réduction des angles à la boussole*, sur la ligne de départ.

Un deuxième carnet pour le nivellement est nécessaire. Ce carnet est identique au modèle donné par le niveau à bulle d'air.

Il peut être tenu par l'aide du trépied. La géomètre ne fait alors que lire et énoncer les cotes.

N° 6. *Modèle de cahier pour le calcul des surfaces des profils en travers.*

NUMÉROS des profils.	DIMENSIONS des figures.	SURFACES DES	
		déblais.	remblais.

N° 7. *Modèle de cahier pour métré de travaux.*

NUMÉROS des profils.	LONGUEURS auxquelles correspondent les profils.	DÉBLAIS.		REMBLAIS.	
		Surfaces.	Cubes.	Surfaces.	Cubes.

N° 8. *Modèle de feuille pour estimation des dépenses.*

INDICATION des ouvrages.	QUANTITÉS.	PRIX.	MONTANT	
			par nature.	par ouvrage.

N° 9. *Profil en long (modèle de carnet).*

NUMÉROS des piquets.	DISTANCES des piquets.	COUPS de niveau.	MOYENNES		DIFFÉRENCES.		ORDONNÉES.	OBSERVATIONS
			arrière.	avant.	+	—		

N° 10. *Profils en travers (modèle de carnet).*

GAUCHE.						Piquets du profil en long.	DROITE.					
Obser-vations.	Ordonnées.	Coups de niveau		Distances.	Piquets des profils.		Piquets des profils.	Distances.	Coups de niveau.		Ordonnées.	Obser-vations.
		avant.	arrière						arrière	avant.		

Modèle de feuille pour la triangulation.

DÉSIGNATION des TRIANGLES.	COTÉ CONNU.	ANGLES OBSERVÉS.	CALCUL DES COTÉS INCONNUS.		VALEUR des côtés calculés.	COORDONNÉES DES POINTS PAR RAPPORT A L'ORIGINE ADOPTÉE.						OBSERVATIONS.
						Indication des points.	Longitude. Est. +	Longitude. Ouest. −	Latitude. Nord. +	Latitude. Sud. −	Hauteur.	
42 43 45	45 à 43 = 218,27	43—52°18′40″ 45—45 28 40 42—82 12 40 180°00′00″	log 218.27 = 2,3390029 +log sin 45°28′40″ = 9,8530765 12,1920794 −log sin 82°12′40″ = 9,9959747 2,1961047 long. corresp. 43 à 42 = 157,08	log 218,27 = 2,3390029 +log sin 52°18′40″ = 9,8983643 12,2373672 −log sin 82°12′40″ = 9,9959747 2,2413925 long. corresp. 45 à 42 = 174,34	de 43 à 42 157m,08 de 45 à 42 174m,34	42 43 45	» 106,96 »	» » 111,61	» 115,99 133,93	» » »	333,774 385,816 335,006	Le point trigonométrique n°42 est l'origine des coordonnées.

La colonne des coordonnées se remplit comme il a été dit page 74.

Modèle de feuille pour la méthode des trois plans coordonnés.

Verso | Recto

Numéros des points de départ.	Numéros des stations.	Longueur.	INCLINAISON.		DIRECTION.		HAUTEUR.		LARGEUR.		ANGLES AIGUS.				Projection horizontale.	VERTICALE.		LONGITUDE relative.		LATITUDE relative.		ALTITUDE absolue.		LONGITUDE absolue.		LATITUDE absolue.		Cote du sol de la galerie.	OBSERVATIONS ET CROQUIS.
			M.	D.	Magn.	Vraie.	H.	B.	D.	G.	1 N-E.	2 S-E.	3 S-O.	4 N-O		M.	D.	E.	O.	N.	O.	+	−	E.	O.	N.	S.		
	1	2	3		4	5	6		7		8				9	10		11		12		13		14		15		16	

Les sept premières colonnes et les colonnes 9, 10 et 13 servent pour la méthode ordinaire.

La colonne 2 reçoit les distances suivant le cordeau et les distances horizontales, dans le cas du théodolite, qu'on porte aussi dans la colonne 9.

La colonne 3 reçoit la moyenne des inclinaisons observées pour chaque station.

La colonne 5 est remplie au moyen de la colonne 4 et de la déclinaison de la boussole;

La colonne 8 au moyen de la colonne 5 et des formules données page 74.

Les colonnes 9 et 10 sont remplies au moyen de la distance, colonne 2, et de l'angle d'inclinaison.

Les colonnes 11-12 reçoivent le résultat de la multiplication de l'horizontale, colonne 9, par le sin. et le cos. de l'angle de direction, colonne 8.

Les colonnes 13-14-15 sont remplies au moyen des colonnes 10, 11 et 12.

Les nombres de la colonne 16 s'obtiennent en retranchant de l'altitude absolue la hauteur en bas des points, colonne 6.

5° *Mire équilibrée.*

Nous avons dit, chap. V, page 53, que l'aide était obligé d'enlever son fil à plomb, ayant servi à déterminer la ligne de visée, et de le remplacer par une mire suspendue au moyen d'une moufflette, afin de permettre à l'opérateur de procéder au nivellement.

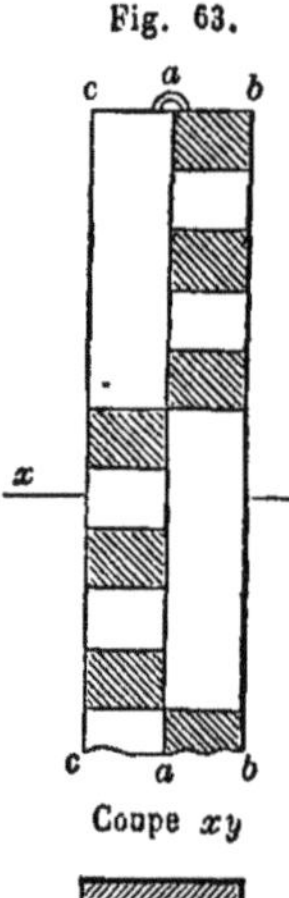

Fig. 63.

M. Blanchet, voulant simplifier la manœuvre de ces appareils et éviter une perte de temps, a construit une mire, dont la section horizontale est figurée ci-contre, équilibrée de manière que l'arête *aa* (fig. 63) se trouve constamment contenu par la verticale passant par son point d'attache. Cette ligne *aa* est déterminée par l'intersection des deux faces planes *ab*, *ac*. Afin qu'elle se détache bien sur le fond de la mire, on a conduit le côté intérieur des divisions jusqu'à cette ligne. Les divisions ont donc en largeur la moitié exacte de la largeur de la mire. La mire suspendue, affleurant le point du sol, la ligne *aa* devient une verticale passant par le point de suspension. On peut donc, sans toucher à la mire, déterminer la ligne de visée et lire la cote de nivellement.

4946 — Paris. Imprimerie A. L. Guillot, 7, rue des Canettes.

www.ingramcontent.com/pod-product-compliance
Ingram Content Group UK Ltd.
Pitfield, Milton Keynes, MK11 3LW, UK
UKHW020224220726
13923UKWH00002B/508

9 782016 172773